Irmhild Buhl

100 % Leben

Irmhild Buhl

100 % Leben

Christliche Schriftenverbreitung
An der Schloßfabrik 30
42499 Hückeswagen

1. Auflage 2021

© by Christliche Schriftenverbreitung, Hückeswagen
Umschlaggestaltung: ideegrafik, Jürgen Benner
Satz und Layout: Christliche Schriftenverbreitung
Illustrationen: Irmhild Buhl
Druck: Arka-Druck, Cieszyn

ISBN 978-3-89287-897-1

www.csv-verlag.de

Inhalt

Vorwort

Es ist ein gutes Gefühl, wenn du 100 % Akku auf deinem Handy hast. Aber hast du auch 100 % Leben?

Oder bist du oft unzufrieden, gelangweilt und ärgerlich? Weißt gar nicht, was du mit deinem Leben anfangen sollst?

Eine Oma und ein behinderter Junge – das klingt ziemlich unattraktiv, oder? Langweilig, lahm, einfach kein bisschen spannend. Bei den beiden läuft auch tatsächlich nicht alles rund. Aber eins haben sie: 100 % Leben. Und darum ist bei ihnen immer etwas los!

Du kannst von den beiden eine Menge lernen. Denn man kann auch dann glücklich und zufrieden sein, wenn es Probleme gibt. Doch dazu muss man etwas ganz Wichtiges wissen ...

Oma Gerda findet ihren Namen doof

Oma Gerda sitzt am Küchenfenster. Sie hat ihr Strickzeug zur Seite gelegt und wartet. Wartet auf Tony, der sicher gleich, direkt von der Schule, zu ihr kommt.

Tony braucht einen Rollstuhl. Vor drei Jahren hatte er einen schlimmen Unfall. Seitdem kann er seine Beine nicht mehr bewegen. Aber die genauen medizinischen Dinge kennt Oma Gerda nicht.

Als es klingelt, weiß sie: Tony steht vor ihrer Haustür und wartet darauf, dass sie ihm öffnet.

So schnell wie jetzt ist sie sonst nie. Sie mag Tony über alles. Seine Fröhlichkeit, seine sanfte und

doch manchmal wilde Art, seine Hilfsbereitschaft und besonders seine Erzählungen, die so lebhaft sind, dass er es stets schafft, Oma Gerda mitzureißen. Am Ende glaubt sie dann immer, sie hätte die Geschichte gerade selber erlebt, mitten im Geschehen.

Für eine alte Frau, die nicht mehr so unter die Leute kommt, ist das erfrischend. Das belebt ihr Gemüt.

Oma Gerda öffnet die Tür, und schon steht er da. Der blaue Rollstuhl. Doch wo ist Tony?

Im ersten Moment wir Oma Gerda leichenblass. Bis sie vollends im Türrahmen steht. Da erblickt sie Tony auf einem ihrer Betonpfeiler, die direkt seitlich der Tür sind, rechts und links einer. Im Sommer stehen darauf meist Blumen.

„Mein Junge! Tony, wie kommst du dorthin?" Besorgt tritt sie ins Freie.

„Sag nicht Tony", fährt der Angesprochene sie an.

„Hoppla", Oma Gerda zieht die Augenbraun nach oben, „bist du mit dem falschen Fuß aufgestanden?"

„Das kann ich doch gar nicht!" Jetzt fängt Tony dann doch an zu lachen. „Weißt du, Oma Gerda, das ist mein Vorteil. Ich kann nie mit dem falschen Fuß aufstehen!"

„Pfui, das ist ein schlechter Witz, Tony!" Die Oma schüttelt den Kopf.

„Ich habe doch gesagt, dass du mich nicht Tony nennen sollst!"

„Du heißt schließlich so." Jetzt kommt Oma Gerda ganz aus dem Haus.

„Eben", Tony seufzt schwer. „Wir haben gestern ein neues Mädchen in unsere Computer-AG bekommen. Sie heißt auch Tony! Weißt du, wie peinlich das ist? Ein echter Mädchenname!"

„Nicht ganz", wendet Oma Gerda sofort ein, „ein Mädchen- und ein Jungen-Name."

„Wieso geben mir meine Eltern so einen bescheuerten Namen?" Tony ist wütend, das ist ihm anzusehen.

„Ich finde deinen Namen schön."

„Ich nicht, – jetzt nicht mehr!"

Es entsteht eine Pause. Oma Gerda hat sich inzwischen in Tonys Rollstuhl gesetzt, der gefährlich weit nach außen nachgibt.

„Weißt du, Tony, ich konnte meinen Namen nie leiden. Manchmal habe ich ihn richtig, ja sagen wir ruhig, gehasst. Als Kind habe ich immer gehofft, dass niemand nach meinem Namen fragt. Einmal habe ich sogar dafür gelogen und mir einen anderen ausgedacht. Der Name Gretchen gefiel mir immer sehr gut." Sie macht eine kurze Verschnaufpause. „Bis mich mein damaliger Onkel, den ich sehr gut leiden konnte, auf eine Idee gebracht hat. Für jeden Buchstaben in meinem Namen habe ich mir etwas überlegt. Dinge, die mir gut gefielen oder Spaß machten. Natürlich habe ich eine Weile gebraucht, aber mein Name gefiel mir immer besser. Manchmal habe ich die Wörter auch ausgetauscht. Das geht bis heute so!

Fragst du mich jetzt, will ich meinen Namen nicht mehr hergeben und auch nicht umtauschen!"

10

„Was?", Tony lacht. „Das ist witzig! Erzählst du mir, wie deine Wörter heißen?"

„Bist wohl neugierig, was?", Oma Gerda packt ihn spaßhaft an der Nase.

„Also gut!

Das G steht für Gott. Ich glaube an Gott. Ich rede sehr viel mit ihm. Erzähle ihm alle Sorgen und Ängste, aber auch Dinge, über die ich mich freue. Er ist die wichtigste Person in meinem Leben, deshalb steht ER an erster Stelle.

Dann kommt das E. Das steht für den Eigenwillen. Der soll nicht an erster Stelle stehen, steht aber bei mir direkt an zweiter Stelle. Ich habe meinen eigenen Kopf. Und das, obwohl ich schon eine Oma mit 83 Jahren bin.

In der Mitte kommt das R. Denn ich bin noch sehr rüstig. Komm du mal in mein Alter, dann sehen wir ..."

Die beiden werden unterbrochen, denn mit einem lauten Knall schlägt die Haustür zu.

„Ich hoffe, du hast einen Schlüssel mit rausgenommen?" Tony sieht Oma Gerda an.

„Nee, mein Freund. Und genau genommen bist du schuld daran, dass wir vor der geschlossenen Tür sitzen."

„Du hast keinen Schlüssel dabei, also ...", Tony grinst breit.

„Willst du mit mir streiten?", Oma Gerda hebt spaßhaft den Zeigefinger. Tony sieht genau das lustige Funkeln in ihren Augen. „Ich glaube, ich sitze heute am längeren Hebel, denn dein Rollstuhl ist im Moment in meiner Besatzungszone."

„Sprichwörtlich", kichert Tony.

„Aber jetzt erzähl weiter. Wofür seht das D?"

„Ein D? Vielleicht dankbar? Na ja, im Moment eher für dusselig. Letztens habe ich meinen Socken am nächsten Tag gegen Mittag im Kochtopf gefunden.

Also passt das d mit dusselig ganz gut.

Das A steht vielleicht für anders. Ja genau, für anders. Weil ich Christin bin, bin ich anders als die anderen Leute in dieser Welt. Ich hoffe, das können die Menschen merken, mit denen ich zu tun habe. Meine Nachbarn, meine Bekannten, der Schornsteinfeger ..."

„Ich merke das", unterbricht Tony sie. Er hat seinen Kopf auf ihren Arm gelehnt.

„Das ist gut, sehr gut", murmelt Oma Gerda.

„Und morgen machen wir meinen Namen, ja?", will Tony wissen und hebt den Kopf.

„Na klar", sie erhebt sich und der Rollstuhl gibt ein leises Knacken von sich. „Der ist jetzt auch froh", witzelt Tony.

„Das will ich überhört haben", meint Oma Gerda. „Ich hole jetzt den Ersatzschlüssel von gegenüber, und dann geht es erst einmal in die warme Stube!"

**Freut euch vielmehr,
dass eure Namen in den Himmeln
angeschrieben sind.**

Lukas 10,20

Tony mag seinen Namen nicht

Langsam schält Oma Gerda den Apfel und teilt ihn dann in viele kleine Stücke. Dazu gibt es Mandeln. Sie weiß: Das ist für Tony etwas ganz besonders Leckeres.

Währenddessen blättert der Zwölfjährige in dem dicken Lexikon, das im Wohnzimmer liegt. Tony ist schon seit dem Mittagessen hier. Seine Eltern sind beide arbeiten und deshalb immer wieder froh, wenn sie ihn bei Oma Gerda absetzen können.

Oma Gerda ist allerdings nicht Tonys richtige Oma. Trotzdem hat er ein gutes Verhältnis zu ihr. Gegen die christlichen Geschichten, die Oma Gerda Tony erzählt und vorliest, haben seine Eltern nichts einzuwenden. Für sie selber reicht allerdings ein Gang in die Kirche zu den entsprechenden Feiertagen.

Mit einem lauten Knall schlägt Tony das dicke Lexikon zu. „Du hast mir versprochen, dass wir für meinen Namen, für jeden Buchstaben in meinem Namen passende Wörter suchen!" Langsam fährt Tony mit seinem Rollstuhl in die Küche, wo Oma Gerda sitzt. „Also?"

„Wie findest du deinen Namen denn mittlerweile?" Oma Gerda grinst.

„Genauso doof wie letzte Woche! Tony, das Mädchen in meiner AG, fühlt sich auch fast immer angesprochen, genau wie ich. Das ist nervig!"

„Okay." Oma Gerda legt das Messer beiseite. „Dann gucken wir mal, ob wir deinem Namen etwas Pfiff verleihen können. Denn das hört sich echt dringend an! – Hast du schon mal überlegt, wie wir beginnen? Also, was auf den ersten Buchstaben, dein T, passt?"

„Ja! T wie tot!", platzt es aus Tony heraus, als hätte er nur auf diese Frage von Oma Gerda gewartet.

„Wie bitte?" Für den ersten Moment ist Oma Gerda sichtlich entrüstet.

Tony lacht und wirft den Kopf zurück.

„Ich hoffe, das ist ein Scherz!", jetzt reagiert Oma Gerda leicht streng.

„Nein, ganz und gar nicht! Aber auch nicht so wie du denkst!"

„Bitte", herausfordernd sieht sie ihn an.

„,Wir waren tot in Sünden und Vergehungen" – das war der Vers vorgestern auf deinem Kalender. Ich hab mich vor mehr als zwei Jahren im Krankenhaus bekehrt, du warst ja selber dabei.

Bei dem T werde ich außerdem an das Kreuz erinnert; auch deshalb, weil ein T wie ein Kreuz aussieht. Ich denke daran, dass der Herr Jesus für meine Sünden in den Tod gegangen ist. Meinen ersten Buchstaben will ich deshalb mit niemand anderem tauschen."

„Sehr gut!" Jetzt ist Oma Gerda doch zufrieden. „Was ist mit dem O?"

„Du weißt, ich mag fliegen. Segelfliegen besonders, da ist alles schön still. Von oben ist alles so klein und winzig. Wie Gott das wohl alles sieht? Manchmal überlege ich, wie toll es wäre, wenn ich alle Probleme und Sorgen, alles, was mich in der Schule vielleicht nervt, von oben sehen könnte. Dann wäre es so klein und bedeutungslos. Alles, was wie ein Berg vor mir steht. Deshalb O für oben."

Oma Gerda nickt: „Ja das wäre wirklich toll. Ich muss sagen, auf deine ersten beiden Buchstaben kann man echt neidisch werden. Ist dir bei dem N auch was Passendes eingefallen?"

Tony schüttelt den Kopf: „Vielleicht nett?" Er grinst breit.

„Du und nett?" Sie zwickt Tony spaßhaft in die Seite. „Wie fändest du nervig?"

„Meinst du jetzt mich? Oder dich?", Tony nimmt sich ein Apfelstück und grinst noch breiter.

„Ich muss gestehen, auf Anhieb fällt mir jetzt auch nichts Passendes ein." Oma Gerda schiebt ihre Brille hoch, so wie sie es immer tut, wenn sie ratlos ist. Für einen Moment ist es ruhig. Nur das Ticken des großen Zeigers an der Wand ist zu hören.

„Normal, das passt zu N", überlegt Tony laut.

„Was hat das jetzt mit dir zu tun?" Oma Gerda runzelt die Stirn. Sie steht auf der Leitung.

„Ein Wunsch halt, mehr nicht", nuschelt Tony so undeutlich, dass es Oma Gerdas spitze Ohren gerade noch hören können.

„Bist du denn nicht normal?" Oma Gerda nimmt Tonys Hand in die ihre.

„Wahrscheinlich eher nein, oder wie findest du diesen Rollstuhl, in dem ich sitze?" Seine Stimme zittert leicht. „Normal ist, wenn man in meinem Alter laufen kann, Fußball spielt, turnt, Rad fährt.

Ich bin behindert, das ist ja nicht allzu schwierig zu erkennen! Oder was glaubst du, wieso die Leute immer so gucken?" Eine dicke Träne rollt über seine Wangen. Dass er jetzt weint, ist ihm peinlich. Bei Oma Gerda weint er sonst nie. Langsam wischt er mit dem Handrücken über seine Augen. „Weißt du, wie oft ich mir schon gewünscht habe, nie geboren zu sein?" Seine Stimme erstickt in einem Schluchzen.

Oma Gerda schweigt. Sie sagt gar nichts. Streichelt ihm nur über seine Hand. Schließlich, nach endlos gefühlten Minuten räuspert sie sich. „Ich muss dir nicht sagen, dass ich deinen Wunsch gut verstehen kann. Aber glaubst du nicht, dass Gott etwas ganz Besonderes mit dir vorhat? Einen ganz besonderen Weg? Genau deshalb, weil du eben nicht normal bist?"

Tony zuckt mit den Achseln. „Bist du dir da wirklich so sicher?"

„Aber so was von sicher!" Oma Gerda legt den Arm um ihn.

„Können wir das N nicht trotzdem, so als geheimen Wunsch von mir stehen lassen?", Tony wischt sich noch einmal mit dem Pullover über die Augen, um sicher zu gehen, dass man keine Tränenspuren mehr sehen kann.

„Na klar! – Und wer kann diesen geheimen Wunsch von dir nicht besser verstehen als dein Heiland! Trotzdem bist du so, wie er das will – eben krank! Sehe es als eine Mission, als deine Mission! Als Herausforderung für dein Leben!"

„Das hast du gerade toll gesagt!" Jetzt lacht Tony laut. „Hört sich so an, als ginge es um eine Abenteuerreise! Willst du nicht doch was neben deiner Rente verdienen? Um für irgendwas Werbung zu machen? So richtig ..."

Oma Gerda boxt ihn liebevoll in die Seite: „Sag mir lieber, was für das Y – oder besser gesagt machen wir ein I daraus – steht? Denn mit Y, das wird sonst echt schwierig!"

„I wie: Bin ich nicht intelligent?", Tony grinst, „denn mittlerweile habe ich alles Obst und alle Mandeln alleine gegessen!"

„Wenn es ein V in deinem Namen gäbe, wüsste ich was: unheimlich verfressen!", konterte Oma Gerda.

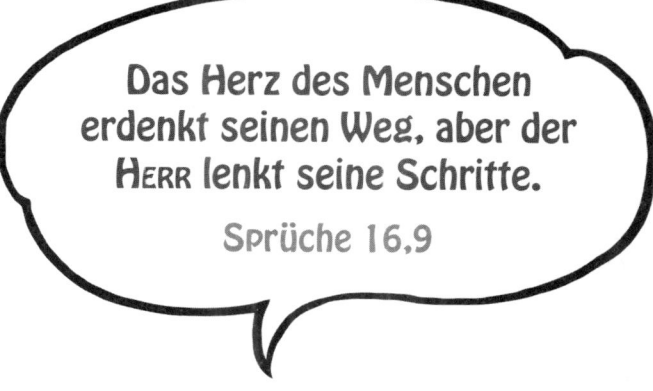

Das Herz des Menschen erdenkt seinen Weg, aber der Herr lenkt seine Schritte.

Sprüche 16,9

Oma Gerda hat Angst!

Oma Gerda sieht auf die Uhr. Schon elf, Zeit ins Bett zu gehen! Sie legt ihre Lesebrille ab und schlurft in ihren Pantoffeln ins Schlafzimmer.

Dort zieht sie die Gardinen zu. Langsam zieht sie sich aus und schlüpft in ihr Nachthemd.

An der langen Wäscheleine, die quer durch ihr Zimmer geht, hängt sie mit den Holzklammern ihre Kleidungsstücke auf. Anders als andere Leute, die ihre Sachen einfach auf einem Stuhl ablegen oder sie auf den Boden schmeißen, hat Oma Gerda in fast allen Dingen ihren eigenen Kopf.

So kann ihre Kleidung über Nacht durchlüften. Und sogar die Teile, die vielleicht nicht mehr ganz so frisch riechen, können so den normalen Zimmerduft besser an sich nehmen.

Endlich ist Oma Gerda mit ihrem Ritual fertig. Sie schlüpft unter ihre dicke Daunendecke. Das ist herrlich, das ist schön warm. Sie zieht sich die Decke bis über den Kopf. Das macht sie immer – nur ihre Fußspitzen gucken am Bettende raus. So kann sie niemand sehen. Mit niemand meint Oma Gerda natürlich nicht ihren Gott und Retter, nein, sie meint Fremde. Einbrecher. Männer, die an ihr Nachtschränkchen wollen, um das Geld zu stehlen.

Unter der Bettdecke fühlt Oma Gerda sich sicher. Ihre Armbanduhr tickt. Oma Gerda drückt die Beleuchtung, denn sie hat seit einer Woche eine moderne Armbanduhr. Kurz vor halb zwölf.

Plötzlich hört Oma Gerda ein Geräusch aus der Küche. Mit einem Mal wird ihr ganz kalt. Ein Kribbeln läuft über ihren Rücken. So fröhlich und robust ihr Charakter ist, manchmal hat auch sie Angst, besonders nachts.

Sie hält für einen Moment den Atem an und lauscht. Nichts. – Gerade will sie sich entspannen, als sie wieder eine Art leises Türknirschen hört. Jetzt zieht sie auch ihre Fußspitzen ein, die bisher noch unter der Bettdecke hervorguckten.

Ein lautes Poltern. Das kommt wieder aus der Küche. „Herr, hilf mir!", betet Oma Gerda leise, dann schiebt sie entschieden die Bettdecke zurück und schlüpft in ihre Badeschlappen, die vor ihrem

Bett ihren Platz haben. In ihre Rechte nimmt sie das Pfefferspray und links zur Sicherheit das lange Holz, mit dem sie sich sonst den Rücken kratzt.

Langsam, ganz langsam erhebt sie sich und schleicht vorwärts.

Kaum hat sie ein paar Schritte getan, kommt ein großer Schatten direkt auf sie zu. Panik ergreift Oma Gerda. Für einen Angriff mit dem Pfefferspray ist es jetzt zu spät. Sie kann in dem Schatten kein Gesicht oder Augen ausmachen, um es richtig zu gebrauchen. Hastig schlägt sie mit ihrem Rückenkratzer zu. Das Holz verfängt sich in ihrem Rock, der auf der Wäscheleine hängt.

Oma Gerda verliert das Gleichgewicht und fällt. Doch die Angst vor dem Einbrecher in der Küche hilft ihr auf die Beine.

Ganz vorsichtig öffnet sie einen Spalt weit die Wohntür, die sonst ihr Schlafzimmer von der Küche trennt. Ein erneutes lautes Knallen lässt sie zusammenfahren.

Plötzlich kehrt ihre ganze Entschlossenheit zurück, die sie tagsüber immer mit sich trägt. Sie öffnet die Tür, bereit, auszuholen und jedem Fremden Respekt beizubringen, den Arm mit dem Pfefferspray vor sich gestreckt.

„Was wollen Sie hier?", hört sie ihre eigene Stimme laut und deutlich.

Keine Antwort, stattdessen erfasst ein kalter Wind ihre Beine. Sofort knipst sie das Licht an. Oma Gerda atmet tief auf, als sie das offene Fenster sieht, das sie selbst zum Durchlüften geöffnet hat. Sie schließt es und sieht gleichzeitig auf die Bescherung. Eine Windböe hat den Fensterflügel erfasst und dieser hat ein Glas mit Marmelade, das auf dem Fensterbrett gestanden hatte, auf den Boden befördert. Dort hat sich die süße Masse breitgemacht. Dazwischen Scherben.

Doch das interessiert Oma Gerda alles nicht mehr. Eilig löscht sie das Licht und geht zurück ins Bett.

„Wie dumm von mir!" Sie kriecht unter ihre Federn. Der große Zeh guckt am Bettende hervor! Alles gut! Wirklich? Alles gut?

Oma Gerda fällt plötzlich ein, dass sie genau heute Abend das Beten vergessen hat. Als sie das nachholt, bleibt sie ausnahmsweise im Bett unter der Decke.

„Danke, Herr, dass du mich bewahrt hast! Das war sicher eine Lektion, die ich lernen musste. Ich habe dich vergessen. Du bist bei mir auch in der Nacht, habe Dank. Du …"

Oma Gerda ist vor lauter Erschöpfung sofort eingeschlafen.

In Frieden werde ich sowohl mich niederlegen als auch schlafen; denn du, HERR, allein lässt mich in Sicherheit wohnen.

Psalm 4,9

Oma Gerda und das Experiment

Tony und Oma Gerda haben heute handfeste Diskussionen.

„Natürlich", Tonys Augen funkeln vor Eifer, „ganz sicher! Ich weiß, dass ich recht habe!"

„Du sollst mir nicht immer widersprechen. Das ist totaler Unsinn." Oma Gerda schüttelt den Kopf. „Vertraue einer alten Frau, die schon viel Lebensweisheit hat. Alles, was schwer ist, fällt logischerweise schneller zu Boden als leichte Gegenstände."

„Nee, das stimmt aber nicht", behauptet Tony.

Oma Gerda setzt ihre Brille ab. „Haltlose Behauptungen!" Jetzt schimpft Oma Gerda fast ein bisschen.

„Lass uns einfach selber ein Experiment starten", schlägt Tony vor. Er weiß genau: Jetzt zu widersprechen, ist absolut sinnlos. Oma Gerda soll mit eigenen Augen sehen, was sie nicht glauben kann.

„Prima! Jetzt werde ich's dir geben!" Mit einem Ruck ist Oma Gerda von ihrem Stuhl aufgestanden.

Oma Gerda holt zwei gleich große Plastikflaschen aus dem Müllsack. Sie ist voller Tatendrang. Ihre Wangen glühen. Tony schaut einfach nur mit einem breiten Grinsen zu. Ihre Geschäftigkeit ist herrlich mit anzusehen. Oma Gerda füllt die eine Flasche mit Leitungswasser. Die andere soll leer bleiben.

„Jetzt haben wir zwei ganz unterschiedliche Gewichte." Oma Gerda schraubt die Flasche fest zu. „Und jetzt werde ich dir Lümmel beweisen, dass die wassergefüllte Flasche durch ihr Gewicht viel schneller auf dem Boden landet."

„Um was wetten wir?", will Tony wissen.

„Fünf Euro?", überlegt Oma Gerda, „ja, fünf Euro passen wirklich gut in mein Sparschwein."

„Na dann, los geht es!" Tony ist einverstanden. „Am besten gehst du in den ersten Stock. Du musst beide Flaschen gleichzeitig fallen lassen. – Die fünf Euro, die du mir gleich geben musst, hole ich schon mal aus deinem Portmonee", lacht er. „Ich warte auf dem Hof und kann genau beobachten."

„Alles klar." Oma Gerda nickt. „Aber nicht fuddeln, sonst bekomme ich einen Zehner von dir!"

Oma Gerda steht am offenen Fenster. Tony wartet in seinem Rollstuhl auf dem Hof. „Kann es losgehen?", ruft Oma Gerda. Vor sich, aus dem Fenster gestreckt, hält sie die Wasserflaschen. Eine leere und eine volle Flasche. Ein absolut köstliches Bild.

„Los!", fordert Tony. –

Jetzt lässt Oma Gerda beide Flaschen fallen.

„Gleichzeitig!", brüllt Tony fast im selben Moment.

„Du hast geschummelt!" Oma Gerda schüttelt den Kopf. Sie schließt das Fenster und eilt die Treppe nach unten. In Rekordzeit, versteht sich.

„Ich habe gefilmt. Sieh selber!" Tony hält Oma Gerda sein Handy hin.

„Bist du sicher, dass dein Handy richtig funktioniert?", will Oma Gerda wissen, nachdem sie den unfassbaren Beweis auf dem Gerät gesehen hat.

„Todsicher!" Er nickt.

„Wir haben heute über Galileo Galilei in der Schule gesprochen", erzählt Tony Oma Gerda, die immer noch etwas verdattert über den Versuch ist.

„Galileo? Was hat der denn damit zu tun?", will Oma Gerda wissen.

„Er hat herausgefunden, dass die Fallgeschwindigkeiten von Körpern nicht von ihrem Gewicht abhängig sind."

„Das heißt, wenn wir beide vom Dach springen, bist du genauso schnell unten wie ich?" Oma Gerda runzelt die Stirn.

„Ja, könnte hinkommen." Tony wiegt seinen Kopf hin und her. „Allerdings könnte dein Rock dich ein bisschen bremsen", er lacht, „als natürlicher Fallschirm sozusagen!"

„Ich denke, das vom Dach Springen lassen wir doch lieber. Ich glaube dir, ... ich glaube dir auch so – jedenfalls ein klein bisschen." Sie grinst verschmitzt. „Tja, was man in meinem Alter noch alles lernen kann."

Tony knufft Oma Gerda in die Seite. „Ich schlage dir vor, du kommst morgen mit mir in die Schule."

„Ich glaube, das könnte lustig werden", Oma Gerda schmunzelt. „Noch mal die Lehrer ärgern und noch mal ...", bei den Gedanken sieht Oma Gerda plötzlich richtig zufrieden aus.

„Galileo war schon mit Mitte zwanzig Jahren ein Professor", wirft Tony ein.

„Ziemlich schlau", stellt Oma Gerda fest.

„Das wäre ich auch gerne. Für eine Klassenarbeit muss ich ziemlich büffeln, und dann, manchmal, kommt trotzdem nichts Gescheites dabei raus. Galileo hat das sicher alles ‚aus dem Ärmel geschüttelt'", Tony seufzt. „Darf ich neidisch auf ihn sein?"

„Was dir aber nichts bringt! – Galileo konnte sich mit seiner Intelligenz auch nicht den Himmel verdienen. Im Gegenteil, manchmal kann Schläue ein Hindernis für den einfachen Glauben sein. –

Du hast einen Platz im Himmel und einen Herrn, der dir hier auf der Erde zur Seite steht. Das ist wertvoller als Schläue, als Ruhm usw. Ich finde, du hast wirklich keinen Grund, neidisch zu werden! Im Gegenteil, sei dankbar!"

„Stimmt", Tony nickt und kaut auf seiner Lippe.

„Bevor du's vergisst", jetzt hält Tony plötzlich seine Hand auf, „fünf Euro bitte! Dafür wäre ich dir auch dankbar!"

„Prima!" Oma Gerda ist komischerweise froh bei dem Gedanken. „Da werde ich endlich meine ganzen Centstücke los, und bin auch dankbar", sie beginnt, das Kleingeld hervorzukramen.

„Nee, ich will lieber einen Schein!" Tony zieht die Hand zurück.

„Wir haben aber nicht um einen Fünf Euro Schein gewettet. Also, stell keine Ansprüche!"

**Jesus spricht zu ihm:
Ich bin der Weg und die Wahrheit und das Leben. Niemand kommt zum Vater als nur durch mich.**
Johannes 14,6

Oma Gerda und ihr Auto

Oma Gerda seufzt. Schon wieder diese Anzeige auf ihrem Armaturenbrett, dass ein Rücklicht ihres Wagens ausgefallen ist. Das passiert jetzt schon das zweite Mal innerhalb kurzer Zeit.

Das letzte Mal hat Tonys Vater ihr das ausgetauscht.

„Ich sage Papa heute Abend Bescheid, das ist kein Problem." Tony kommt mit seinem Rollstuhl aus dem Haus gefahren.

„Woher willst du denn wissen, worum es geht? – Vielleicht braucht mein Auto ja einen neuen Motor", neckt ihn Oma Gerda und grinst.

„Nö", Tony lacht. „Du bist zweimal ums Auto geschlichen. Und deinem Gesichtsausdruck nach zu urteilen war es ganz sicher wieder dieses blöde Rücklicht. Wetten?"

„Gut beobachtet", Oma Gerda nickt.

„Du bist einfach nur leicht zu durchschauen", antwortet Tony. „Deine Mimik, dein Kopfschütteln, alles waschecht Oma Gerda!"

„Ich wünschte, mein Auto wäre so einfach zu durchschauen." Oma Gerda verschränkt die Arme. „In der letzten Zeit macht es öfter Zicken."

„Es ist ja auch uralt. Da hat es ja auch ein Recht, Zicken zu machen. Du bist doch auch nicht immer topfit", meint Tony unbekümmert.

„Willst du mir vielleicht auch noch sagen, dass ich uralt bin?" Oma Gerda sieht Tony herausfordernd an und bemüht sich, dabei keine Miene zu verziehen.

„Theoretisch könntest du in deinem Alter Uroma sein, – also ist das uralt ganz ..." Tony bricht ab und muss kichern. „Aber mit dem topfit schieße ich mir vielleicht ein Eigentor. Ich hab ja hier so etwas wie einen Totalschaden." Er legt seine Hand auf das Rad seines Rollstuhls. „Aber ich mag meinen Mercedes unter mir wirklich." Er lacht.

„Deinen Humor muss man haben!" Oma Gerda schüttelt den Kopf.

„Hast du den Bibelspruch schon auswendig gelernt, den wir uns für diese Woche vorgenommen haben?", will Tony plötzlich wissen.

„Du wechselst das Thema wie Aprilwetter. – Nein, hab ich noch nicht gelernt. Tut es was zur Sache?"

Der Mensch sieht auf das Äußere,
aber der HERR sieht auf das Herz.
1.Samuel 16,7

„Ja", Tony nickt.

„Was denn?", bohrt Oma Gerda weiter. „Wenn du ihn vor mir kannst, muss er besonders sein. Sonst bist du immer später."

„Der Mensch sieht auf das Äußere, aber der HERR sieht auf das Herz. 1. Samuel 16,7", schießt Tony wie ein Blitz heraus.

Oma Gerda ist für den ersten Moment baff.

„Super, nö?" Auf Tonys Gesicht breitet sich ein Strahlen aus. „Bei Gott bin ich also überhaupt nicht benachteiligt! Chancengleichheit pur."

Oma Gerda nickt. „Ein wirklich sehr schöner Bibelvers!"

„Im Moment mein Lieblingsvers. Ich habe ihn groß ausgedruckt und in mein Zimmer gehängt. Du weißt schon, da, wo mein Rollstuhl steht. Wenn ich jetzt morgens aufstehe, kann ich ihn sofort lesen! Und mein Tag startet froh!"

„Ich bin auch froh, dass der Herr Jesus nicht auf das Äußere sieht, schließlich bin ich ja auch schon

31

ein bisschen faltig", Oma Gerda kneift sich dabei in die Wangen. „Ziemlich sogar."

„Es kann aber auch unangenehm sein, wenn der Herr Jesus Christus ins Herz sieht", stellt Tony jetzt fest. „Irgendeine Sünde, von der kein Mensch weiß. Er sieht sie ganz sicher. Geheimnisse gibt es keine vor ihm. Anderen Leuten kann man leicht etwas vormachen."

„Aber wenn es nichts gibt, was wir zu verstecken haben, dann macht der Bibelvers hauptsächlich Mut", schließt Oma Gerda.

„Jupp!" Tony nickt und donnert mit seiner Faust fest auf das kaputte Rücklicht. „Probier noch mal. Vielleicht ist es nur ein Wackelkontakt!"

„Wird gemacht, Chef!" Oma Gerda steigt ein und dreht den Schlüssel im Zündschloss.

„Ich sehe was, was du nicht siehst!", ruft Tony laut und deutlich. „Und das ist Licht!"

> **Denn der HERR sieht nicht auf das, worauf der Mensch sieht; denn der Mensch sieht auf das Äußere, aber der HERR sieht auf das Herz.**
>
> **1. Samuel 16,7**

Oma Gerda und
die Schneeballschlacht

Oma Gerda schaufelt gerade den Schnee auf dem Hof vor der Haustür weg, als Tony in seinem blauen Rollstuhl um die Ecke biegt.

„Du machst ein gutes, richtig sportliches Bild", lacht Tony, zückt sein Handy und macht tatsächlich ein Bild. „Danke, aber auf die Ladung Schnee, und das im April, hätte ich gerne verzichten können", schnauft Oma Gerda und macht eine kurze Pause.

„Ich finds toll!" Tony malt mit dem Zeigefinger im weichen Schnee. „Alles ist so hell und so freundlich. Graues Winterwetter ade!"

„Ja, – alles so hell und so freundlich", flötet Oma Gerda, indem sie Tonys Stimme nachmacht.

Tony kneift die Augen zusammen und sieht Oma Gerda grinsend an. „Willst du mich ärgern?" Er beginnt einen Schneeball zu formen.

„Traust du dir das denn zu, was du da vorhast?" Oma Gerda mustert Tony forschend.

„Wieso denn nicht?" Tony zuckt mit den Schultern.

„Weil ich mit meinen 83 Jahren eine Menge Erfahrung mit Schneeballschlachten habe, klarer Vorteil." Jetzt formt auch Oma Gerda Schnee in den Händen.

„Du bist alt, und ich bin behindert! Ich denke, das dürfte ungefähr hinkommen", findet Tony und grinst. „Also, bist du dabei?" Und noch ehe Oma Gerda antworten kann, hat Tony ihr den Schneeball mitten auf ihrer roten Mütze knapp über dem Gesicht platziert. Schnee tropft auf Oma Gerdas Nase.

„Du Schlingel!" Jetzt kommt Oma Gerda in Fahrt.

Tony kann sich gerade noch hinter der Mülltonne verstecken, da saust Oma Gerdas Schneeball an ihm vorbei. Die beiden werfen um die Wette.

Tony ist ziemlich treffsicher. Bei Oma Gerda sieht es dagegen so aus, als hätte sie mehrere Gegner zu bekämpfen – ihre Schneebälle fliegen in alle Rich-

tungen. Die Fensterscheibe, das Auto vom Nachbarn, die Hecke, die Straße, die Haustüre, ja einer klebt sogar am Briefkasten.

Den Hof, den Oma Gerda gerade eben erst sauber geschaufelt hat, interessiert keinen Tony und keine Oma Gerda mehr.

„Treff mich doch!", neckt Tony und lacht. „Ich bin doch hier, ..."

„Na warte!" Oma Gerda kommt eine rettende Idee. Denn dass Tony so gar keinen Schnee abbekommt, kann nicht angehen. Da hat er seine Rechnung aber ohne Oma Gerda gemacht. Schon im nächsten Moment wird Tony sprichwörtlich der Mund gestopft. Mit einer Riesenladung Schnee! Oma Gerda hat nämlich ihre Schaufel zur Hilfe genommen. „Wenigstens einmal so richtig getroffen", freut sie sich.

„Und wie! Noch festklopfen, dann bin ich ein Schneemann", witzelt Tony und streicht und schiebt den Schnee von seinem Schoß. Vereinzelte Flocken segeln von dem blau strahlenden Himmel. Eine setzt sich tatsächlich genau auf Tonys Nasenspitze. Wie schön nass und kalt sie ist. Und schon ist sie geschmolzen, schade.

„Wie super Gott das geschaffen hat. – Und wie dick sie sind!"

„Wusstest du schon", erklärt Oma Gerda Tony, „dass eine Schneeflocke auf dem Weg vom Himmel zur Erde immer größer wird? Zuerst ist sie nämlich so klein, dass man sie mit dem bloßen Auge kaum erkennen kann, ein Mini-Kristall, und dann

lagern immer weitere Wasserteilchen an ihr an. Sie wächst und wächst, bis sie schließlich landet."

„Jede einzelne Schneeflocke! Und jede ist wieder anders. Irgendwann gehen einem da doch die Ideen aus! Oder?"

„Gott nie! Du weißt doch, auch jeder Mensch ist anders von Gott geschaffen. Jeder sieht anders aus, jeder hat einen anderen Charakter, andere Begabungen, andere Aufgaben. Jeder Mensch hat eine andere Geschichte. Es wird nie langweilig, nie gleich!"

„Ja, das ist super, richtig genial und perfekt", stimmt Tony zu.

„Danke." Tony schlurft seinen heißen Kakao. „Das war prima!"

„Das war der reinste Sport", bestätigt Oma Gerda und setzt sich neben Tony. Sie ist immer noch ein bisschen außer Atem. „Ich war erstaunt, du zielst ziemlich gut!"

„Na ja", Tony zuckt mit den Schultern. „Vielleicht lag es auch nur daran, dass du leichter zu treffen bist!"

„Junger Mann!" Oma Gerda droht spaßhaft mit dem Zeigefinger, „ich glaube, ich muss dich irgendwann nochmal so richtig einseifen!"

„Oh ja!" Tony reibt sich die Hände. „Schnee ist toll, egal wo und wann!"

Gott sah alles,
was er gemacht hatte, und siehe,
es war sehr gut.

1. Mose 1,31

Oma Gerda und Tony streichen das Zimmer an

Tony und Oma Gerda im Eifer des Gefechts: Das Anstreichen macht richtig Spaß! Und es ist auch aufregend: Wie wird das Zimmer anschließend aussehen?

Erst letztes Jahr hat Tony zusammen mit seinem Vater sein komplettes Zimmer in einem hellblauen Ton gestrichen. So ganz einfach über die Tapete.

Und genauso machen Tony und Oma Gerda es jetzt. Ein Fachmann würde dabei wahrscheinlich die Hände über dem Kopf zusammenschlagen. Egal, Hauptsache, es macht Spaß und sieht hinterher anders aus.

„Huch, ich habe schon wieder gekleckst." Tony sieht auf den Boden.

„Ich hoffe, dein Pulli war wirklich so alt, wie du behauptet hast." Oma Gerda blickt dabei eher auf Tonys total mit Farbe beschmutzten Pullover.

„Jedenfalls brauchte er dringend mal ein anderes Muster. Das alte war nämlich echt langweilig", antwortet Tony und grinst.

„Dein Gesicht sieht auch immer gleich aus. Habe ich mich deshalb je beklagt, das sei langweilig?" Oma Gerda beugt sich tief nach vorne, um ihren Pinsel neu in die grüne Farbe zu tauchen.

„Dein Gesicht lebt schon viel länger. Du brauchst auch mal Abwechslung", kichert Tony und verpasst Oma Gerdas Nase einen farbigen Klecks.

„Wie wäre es mit einer grünen Brille, du hast dir doch schon immer eine Brille gewünscht?" Oma Gerda springt voll auf Tonys Quatsch an.

„Oh ja", Tony nickt eifrig und hält still. Oma Gerda nimmt einen sehr dünnen Pinsel und verpasst Tony einen grünen Brillenrahmen um die Augen.

„Wie seh' ich aus?", will Tony wissen.

„Wunderschön", Oma Gerda schmunzelt, „da war ein echter Künstler am Werk."

„Und was hättest du gerne?", will Tony wissen. Er kann nicht genug von dem Spaß kriegen.

„Einen Bart", fällt Oma Gerda ein. „Einen richtigen schönen Männerbart."

Tony gibt sich alle Mühe, ihn so zu zeichnen, dass es auf beiden Seiten von Oma Gerdas Gesicht gleich aussieht. Dann lacht er.

„Was ist?", will Oma Gerda wissen.

„Wenn du ein Mann wärst, würde dir ein Bart wirklich richtig gut stehen."

„Ich hole einen Spiegel. Dann können wir uns begutachten." Oma Gerda ist sehr eifrig.

Oma Gerda und Tony finden sich beide so hübsch, dass sie es doch sehr bedauern, nach getaner Arbeit ihre Gesichter zu schrubben. Aber leider ist die Wand neben der Haustür schon grün und die Aktion damit beendet.

„Die ganzen Macken an der Wand, die von meinem Rollstuhl waren, sieht man jetzt kein bisschen mehr", stellt Tony fest. „Total verändert! Deshalb mag ich auch streichen. Alles einfach neu! Wie bei jemandem, der sich gerade bekehrt hat. Von dem alten Schlechten sieht man nichts mehr."

„Dafür müsste die alte Tapete noch drunter weg", findet Oma Gerda. „Denn wenn wir unsere Schuld vor Gott bekannt haben, vergibt er uns alles und überstreicht nicht einfach das, was wir getan haben. Unsere Sünden sind für immer weg und können nicht wieder sichtbar gemacht werden."

„Aber Sünde kommt doch auch immer wieder vor, wenn man sich bekehrt hat", entgegnet Tony und runzelt die Stirn. Das versteht er nicht.

„Das stimmt. Aber alle deine Sünden hat der Herr Jesus bei deiner Bekehrung abgewaschen. Ein für alle mal."

„Das ist super!", findet Tony. „Schade, dass ich meine Brille nicht mehr trage und sie aus meinem Gesicht gewaschen ist", stellt er dann lachend fest.

„Und ich bin auch nicht mehr Opa Gerd, sondern wieder Oma Gerda", schmunzelt Oma Gerda. „Und weil ich jetzt wieder eine Oma bin, kann ich uns beiden sogar nach getaner Arbeit ein paar Waffeln backen. – Da bin ich doch lieber eine Frau!"

„Und ich ein Mann." Tony stellt seine Stimme absichtlich tief. „Ich kann nämlich einfach sagen, dass ich gerne Waffeln will, und muss sie nicht selber backen."

„Oho", Oma Gerda droht halb spaßhaft, halb ernst mit dem Zeigefinger. „Will oder möchte gerne?"

„Möchte", flötet Tony, „und das ‚Bitte' hab ich auch vergessen."

> **Wenn wir unsere Sünden bekennen, so ist er treu und gerecht, dass er uns die Sünden vergibt und uns reinigt von aller Ungerechtigkeit.**
>
> 1. Johannes 1,9

Tonys Gewissen schlägt

„Ha!" Tony ist immer noch voller Begeisterung, als er Oma Gerda die Geschichte erzählt. „Den haben wir richtig reingelegt!"

Oma Gerda schweigt, während sie weiter das Geschirr abtrocknet.

Tony isst gerade zu Mittag, doch jetzt lässt er die Gabel sinken. „Du sagst ja gar nichts." Verwundert sieht er von seinem Essen auf.

„Was soll ich denn sagen?", will Oma Gerda wissen.

„Na, was wohl? Dass du das auch lustig findest! Schließlich ist der Lehrer uns voll in die Falle gegangen!" Tony schlägt lachend mit der Hand auf den Küchentisch. „Du hättest ihn mal sehen sollen. Wie ein Trottel! Wirklich, so doof kann man gar nicht sein!"

„Ich bin eigentlich nur erstaunt." Ruhig stellt Oma Gerda das trockene Glas in den Schrank.

„Erstaunt? Worüber denn? – Wenn du den Lehrer kennen würdest, wärst du nicht erstaunt! Wir haben alle damit gerechnet!" Tony lacht immer noch.

„Ich bin erstaunt über dich!" Sie legt jetzt das Handtuch beiseite und setzt sich ebenfalls an den Küchentisch.

Tony runzelt die Stirn. Er versteht das nicht.

„Ich bin erstaunt darüber", fängt Oma Gerda erneut an, „dass du das als Christ so mitmachen kannst. Das war bedeutend mehr als ein gewöhnlicher Spaß!"

Endlich ist es raus. Tony läuft rot an. Für eine gute Minute sagt niemand ein Wort.

„Na toll", murmelt Tony, „ich hätte wohl besser meine Klappe gehalten. Du kannst einem wirklich gut ein schlechtes Gewissen machen. – Das war's dann wohl! Spaß, ade!"

„Immer wieder gerne." Oma Gerda erhebt sich einfach und nimmt wieder ihre Arbeit auf.

Tony stochert mit seiner Gabel in den Klößen herum. Selbst sein Lieblingsessen schmeckt auf einmal nicht mehr. Genervt schiebt er seinen Teller beiseite und fährt wortlos mit seinem Rollstuhl ins Wohnzimmer. Unwillkürlich fällt sein Blick auf die Bibel, die wie meist auf dem Wohnzimmertisch von Oma Gerda liegt. Er fährt einen extra großen Bogen darum und holt aus dem Regal die Comiczeitschriften von Asterix und Obelix. Ablenkung wäre jetzt nicht das Schlechteste.

Doch so recht will es auch damit nicht klappen. Er sieht auf die Uhr. Noch gute zwei Stunden, bis seine Mutter ihn hier abholt. Das sind ja gefühlte Ewigkeiten, besonders mit einem pochenden Gewissen!

Tony fährt da- und dorthin und, um sich die Zeit zu vertreiben, übt er ein paar Kunststücke mit seinem Rollstuhl. Ein paar Tricks hat er echt gut drauf.

Das Schlimmste: Oma Gerda behandelt ihn genauso freundlich wie immer.

Schließlich hält er es nicht mehr aus. „Du nervst mich!", platzt es aus Tony heraus.

„Ich? Womit?" Erstaunt sieht Oma Gerda ihn an.

„Mit deiner Freundlichkeit. Sag mir doch mal klar, was Sache ist!", verlangt Tony.

„Na schön, wie du willst." Oma Gerda kommt jetzt ebenfalls ins Wohnzimmer. „Entschuldige dich bei deinem Lehrer, das wäre der erste Schritt! –

Jemandem eine Falle stellen, das ist nämlich echt mies!"

„Ja, ich weiß." Tony ist beschämt. „Kommt nur ziemlich blöd bei den anderen, falls sie das sehen."

„Du willst dein Christsein doch nicht verstecken?", hakt Oma Gerda nach.

„Du legst aber ziemlich krasse Maßstäbe an mich." Tony beginnt mit den Fingern an seinem T-Shirt zu nesteln.

„Wieso ich? – Das macht die Bibel!"

„Okay, okay, ich mach's." Abwehrend hebt Tony die Hände. „Ich hoffe nur, ich habe morgen noch den Mut dazu."

„Wir werden einfach dafür beten! Ich hier und du am besten direkt vor der Schule!"

Jetzt nickt Tony und fährt mit Vollgas in die Küche. „Hast du mein Essen noch?", will er wissen.

„Na klar", Oma Gerda stellt die Mikrowelle an.

„Wow, du wusstest das?"

„Sagen wir mal so – ich habe es gehofft!" Sie lächelt.

„Was ist denn das hier?" Tony grinst und fischt die Mäusefalle aus der Ecke, die direkt neben dem Küchenschrank steht. „Du stellst ja selbst hinter-

listige Fallen! Ziemlich mies von dir. Hast du selbst gesagt."

„Ja." Jetzt lacht Oma Gerda. „Nur, dass Mäuse keine Lehrer sind!"

„Und, dass sie nicht nur ‚doof dastehen', sondern direkt tot sind!", fügt Tony mit frech funkelnden Augen hinzu.

Lasst eure Milde kundwerden allen Menschen.

Philipper 4,5

Verfahren!

Oma Gerda sitzt in ihrer knatschroten Ente. Neben ihr sitzt Tony. Und auf der Rückbank, zusammengeklappt, hat Tonys Rollstuhl seinen Platz.

Den da rein zu bekommen ist immer eine echte Tortur, weshalb Oma Gerda und Tony meist darauf verzichten. Aber nicht heute, denn heute haben die beiden etwas Besonderes vor. Sie wollen sich etwas gönnen, das SEA LIFE ist ihr Ziel. Tony war da letztens mit der Schule. Und jetzt hat er Oma Gerda mit seiner Begeisterung angesteckt.

Tony dreht die Musik lauter. „Mir gefällt das Lied", er klatscht in die Hände.

„Mir auch", Oma Gerda lacht.

Aus dem Lautsprecher des alten Autos ertönt erneut der Refrain des christlichen Liedes: „Hier bei uns da geht es fröhlich zu, wir haben meistens etwas zu lachen ..."

„Ich hoffe, du hast genug Geld eingepackt, sonst haben wir nämlich nix zu lachen", Tony grinst breit.

Oma Gerda und Tony sind leicht genervt. Immer wieder führt ihr Navi sie in die Irre.

„Sie haben Ihr Ziel erreicht", erklärt das Navi, das

an Oma Gerdas Autofensterscheibe klebt.

„Ha ha", Tony lässt sich im Sitz zurückfallen. Irgendwie ist die Luft raus.

Sie sind gefühlte zehnmal im Kreis gefahren und letztendlich wieder und wieder im Parkhaus gelandet.

Oma Gerda stellt den Motor ab. „Auf die modernen Geräte ist eben doch kein Verlass. Ich brauche die gute alte Karte", stellt sie fest.

Tony beginnt im Handschuhfach zu kramen. „Hier war sie doch sonst immer?"

„Ich habe sie beim Saubermachen raus genommen und, wie es aussieht, nicht wieder eingeräumt", fällt Oma Gerda plötzlich ein.

„Also ist das doch nicht so gut", brummt Tony.

„Was?", Oma Gerda runzelt die Stirn.

„Na, das Saubermachen, das Aufräumen, das, was den meisten weiblichen Wesen so wichtig ist, wenn ich an Mama und dich denke." Tony lässt das Handschuhfach mit einem lauten Knall einschnappen.

„Alles Ausreden", findet Oma Gerda. „Hast du dein Handy?", sie sieht Tony an. „Vielleicht können wir da sehen, wo wir hin müssen."

„Handyfreie Zone! Hast du selber heute morgen festgelegt." Tony schüttelt den Kopf und lacht. Irgendwie scheint ihm das Ganze Spaß zu machen. „Da hab ich ja auch deinen andauernd nervenden WhatsApp-Kram gemeint", verteidigt Oma Gerda sich. „Aber für einen Notfall ..."

„Das Wichtigste haben wir schon dabei." Tony dreht sich zur Rückbank. „Für den Notfall", meint er spitzbübisch und beißt in ein Mettwürstchen, das er aus Oma Gerdas Picknickkorb stibitzt hat.

„Na, hör mal", Oma Gerda droht spaßhaft mit dem Zeigefinger. „Wir haben gerade mal elf Uhr!"

„Du kannst ja noch ein paarmal im Kreis fahren, wenn du willst!" Tony kichert. „Während du mir alles weg isst? Ausgeschlossen", Oma Gerda hievt den Korb auf ihren Schoß.

„Du hast ja Brownies eingepackt", Tony will sofort nach dem nächsten greifen.

„Stopp!" Oma Gerda schiebt seine Hand zur Seite. „Und überhaupt, was isst du schon, ohne dass wir einmal gebetet haben?"

„Wir können uns gerne öfter verfahren!" Tony mampft und mampft.

„Bin ganz deiner Meinung." Auch Oma Gerda kann gut etwas verdrücken. „Manchmal verfahren wir uns auch als Christen", meint sie und nimmt einen kräftigen Schluck warmen Kakao aus der Thermoskanne.

„So wie heute", Tony nickt und grinst.

„Ich meine nicht mit dem Auto", verbessert Oma Gerda sich, „sondern in unserem Leben, in unserem Christsein. Wir treffen zum Beispiel andere Entscheidungen, als Gott es möchte. Dann machen wir auch unnötige Umwege. Das kostet Zeit, viel Energie, und bringt vielleicht sogar Leid!"

„Zum Beispiel bei Jakob", fällt Tony ein. „Ich meine, das mit dem Erstgeburtsrecht hätte Gott auch ganz alleine regeln können. Ganz ohne Jakobs Betrug."

„Schön ist, wenn Gott dann trotzdem zu seinem Ziel mit uns kommt! Und er kommt am Ende zum Ziel!", bekräftigt Oma Gerda.

„Ganz im Gegensatz zu uns." Tony begutachtet den Flyer von SEA LIFE, der neben ihm liegt.

„Tut mir leid, ich weiß, darauf hast du dich doch echt gefreut!" Oma Gerda wirft Tony einen kurzen Blick zu.

„Und wenn schon, so voll gefuttert wie wir jetzt sind, kommen wir nicht mehr aus der Autotür ohne Feuerwehr und Hydraulikschere", Tony lässt sich stöhnend in den Sitz zurückfallen.

Oma Gerda hat den Motor gestartet, bereit, den Nachhauseweg anzutreten. Gerade sind sie am Parkhaus Ausgang, als Tony beginnt, lauthals zu lachen.

„Was ist denn jetzt los?" Erstaunt sieht Oma Gerda ihn an.

„Sieh nur", Tony weist mit seinem Arm nach links auf ein großes Schild. SEA LIFE!

„Ich denke, wir sind uns einig, dass wir so ganz ohne Proviant nicht mehr da rein wollen?" Oma Gerda wirft Tony einen fragenden Blick zu.

„Einig", Tony nickt und grinst.

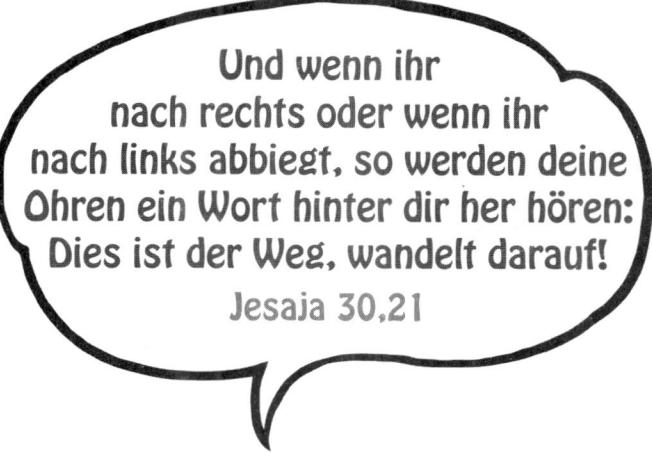

Und wenn ihr nach rechts oder wenn ihr nach links abbiegt, so werden deine Ohren ein Wort hinter dir her hören: Dies ist der Weg, wandelt darauf!

Jesaja 30,21

Tante Hulda

Tony schlägt eifrig Sahne, während Oma Gerda den Pflaumenkuchen noch einmal zum Aufwärmen in den Backofen schiebt.

Oma Gerda sieht sich um. „Der Tisch ist gedeckt, Getränke stehen auch schon, dann kann Tante Hulda ja kommen."

„Ich bin total gespannt!" Tony ist aufgekratzt.

Tante Hulda ist Oma Gerdas beste Freundin. Sogar die Schulbänke haben sie zusammen gedrückt. Das Wichtigste, Tante Hulda ist ein Spaßvogel. Alleine deshalb ist Tony so vergnügt.

Da klingelt es.

„Ich mach auf." Sofort bringt Tony seinen Rollstuhl in Fahrt.

„Tony, mein Junge!", Tante Hulda tätschelt ihm die Wange. „Wie groß du geworden bist."

„Und wie hübsch", fügt Tony schelmisch hinzu.

„Sagen wir, ganz akzeptabel." Tante Hulda zwinkert mit den Augen und streckt ihm dabei doch tatsächlich die Zunge heraus.

„Bevor ihr beiden weitere Freundlichkeiten austauscht, muss doch jemand Vernünftiges der Sache Einhalt gebieten." Oma Gerda schüttelt den Kopf und begrüßt ihre Freundin mit einer herzlichen Umarmung. „Dann komm mal hereinspaziert."

„Wenn dein Türsteher mich lässt!"

„Sehr, sehr gut", Tante Hulda lehnt sich nach dem dritten Stück Pflaumenkuchen zurück, „du hast eindeutig gewonnen."

Tony lacht, denn er ist gerade dabei, sein viertes Stück zu verputzen.

„Mein guter Kuchen ist viel zu schade für solch dumme Wettideen", beschwert sich Oma Gerda mit leicht gespielter Empörung.

„Erzählst du uns jetzt eine Geschichte von früher?"

Tony legt den neuen Basketball, den er von Tante Hulda geschenkt bekommen hat, zur Seite und sieht sie an.

Tante Hulda muss überlegen: „Die von dem Schneesturm?"

„Kenn ich schon."

„Die von dem Brand im Schulhaus?"

„Kenn ich."

„Vielleicht was vom Krieg?"

„Hab ich schon alles gehört", entgegnet Tony.

„Von meiner Zugfahrt ohne Fahrkarte?"

„Die ist auch alt." Tony schüttelt den Kopf.

„Von meinem Zwillingsbruder?"

„Die war schön, aber die hast du das letzte Mal erzählt", meint Tony.

„Dann fällt mir gar nichts mehr ein." Tante Hulda sieht ein bisschen ratlos aus.

„Du bist doch schon so alt. Da hat man doch mehr erlebt!" Tony kann das nicht verstehen.

Tante Hulda überlegt und überlegt. „Ah", plötzlich reibt sie sich die Hände. „Ich erzähl dir die Geschichte von den Fröschen. Von Oma Gerda und von mir."

„Oh ja", Tony lacht. „Das war gewiss richtig witzig!"

„Und ob!"

Oma Gerda ist jetzt mindestens genauso gespannt wie Tony, und das, obwohl sie die Geschichte kennt.

„Also", beginnt Tante Hulda und nimmt noch einmal einen Schluck Kaffee. „Es war mitten im Sommer und es war auch ziemlich heiß. Oma Gerda und ich waren vielleicht so sechs oder sieben Jahre alt. Wir haben abgemacht, dass wir uns direkt nach dem Mittagessen tan dem kleinen Teich treffen, der direkt bei uns hinter dem Dorf liegt. Bewaffnet mit Einmachgläsern, denn wir wollten kleine Frösche fangen."

„Das macht bestimmt Spaß", wirft Tony ein.

„Natürlich", antwortet Tante Hulda. „Also haben wir losgelegt. Ich hatte schon vier oder fünf Frösche in meinem Glas und Oma Gerda erst zwei."

„Ich glaube, du verwechselst was." Oma Gerda schüttelt den Kopf und zwinkert Tante Hulda zu. „Mein Glas war das mit den fünf."

„Ach", Tante Hulda macht eine Handbewegung. „Die hättest du vielleicht gerne gehabt. Deshalb warst du ja auch neidisch."

„Hör mal!", Oma Gerda ist gespielt entrüstet, „du kannst doch nicht ..."

„Ehy, nicht streiten", unterbricht Tony die beiden. „Ich möchte hören, wie es weitergeht!"

„Na schön. Es ist ja auch egal, wer wie viele Frö-

sche hatte, jedenfalls ging es genau so weiter wie jetzt. Wir haben uns gestritten", Tante Hulda muss grinsen. „Jeder wollte das Glas mit den vielen Fröschen haben."

„Da habt ihr euch ja kein bisschen verändert!" Tony lacht.

„Zuerst haben wir uns nur mit Worten gestritten, dann haben wir uns richtig in die Haare gekriegt, bis wir im Gras lagen. Doch auch damit nicht ge-

55

nug. Wir haben miteinander gerungen. Die Gläser hatten wir, unvorsichtig wie wir waren, dabei umgestoßen. Die Frösche waren längst alle weg, doch unsere Wut aufeinander nicht.

Wir haben uns im Gras herumgerollt mit roten Gesichtern und Grasflecken auf Rock und T-Shirt."

„Wow, das hätte ich gerne gesehen!" Tony grinst.

„In unserem Eifer haben wir natürlich nicht darauf geachtet, dass wir dem Ufer immer näher gekommen sind. Wir rollten und rollten auf der Wiese. Bis wir", Tante Hulda macht eine kurze Pause, „bis wir – platsch! – beide im Wasser lagen. Wie zwei begossene Pudel standen wir kurz drauf am Ufer. Da waren unsere beiden erhitzten Gemüter auch wieder abgekühlt."

„Ihr habt euch aber wieder vertragen?", will Tony wissen.

„Gleich danach", Oma Gerda nickt.

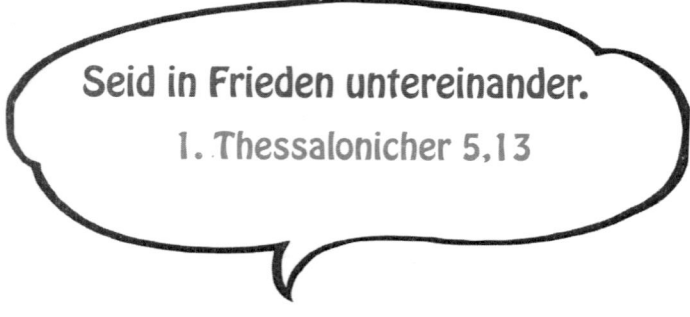

Seid in Frieden untereinander.

1. Thessalonicher 5,13

Oma Gerda kauft ein

Tony freut sich immer besonders, wenn es mit Oma Gerda zum Einkaufen geht. Zum Glück ist ein Supermarkt im Ort. Dorthin muss Oma Gerda nämlich nicht mit dem Auto fahren. Sonst könnte sie Tony und den Rollstuhl nur mit fremder Hilfe ein- und auspacken.

Eigentlich fährt Tony nur deshalb gerne mit Oma Gerda einkaufen, weil meist etwas Süßes oder andere Sachen zum Naschen dabei für ihn abfallen. Viele Leckereien sind für Tony genau auf Augenhöhe. Wenn man es genau nimmt, hat Tony sich das auch verdient. Denn auf dem Nachhauseweg stellt er Oma Gerdas vollgepackten Taschen auf seinen Schoß und dann treten die beiden den Rückweg an. Kurzum, sie sind ein eingespieltes Team.

Aber heute ist alles anders!

Oma Gerdas Einkaufswagen hat schon den Boden gut bedeckt und sie sind noch nicht einmal zur Hälfte durch. Oma Gerda erwartet nämlich Besuch. Und für Besuch kauft man gerne leckerere Dinge und ausgefallene Sachen. Denn man will es den Gästen ja schön machen.

Tony kann das nicht so ganz nachvollziehen. „Wieso kaufst du sonst nicht so ein? Die Kekse, die du gerade eingepackt hast, würde ich sonst auch gerne mal essen."

„Wenn es meinem Besuch schmeckt, kommt er vielleicht öfter." Oma Gerda grinst verschmitzt. „Also, ich komme immer – aber nicht wegen des Essens", wendet Tony ein.

„Na, dann hast du ja auch nichts dagegen, wenn es sonst nicht diese Kekse gibt." Oma Gerda lacht.

„Du trickst mich aus!" Tony hebt den Kopf und sieht Oma Gerda prüfend an. „Aber vielleicht muss ich am Samstag, wenn dein Besuch kommt, auch dabei sein. Meine Eltern haben sowieso keine Zeit!"

„Das fände ich toll!" Oma Gerda ist von Tonys Selbsteinladung begeistert.

Tony runzelt die Stirn. Wieso lacht Oma Gerda immer noch?

„Dann kannst du mir beim Vorbereiten und Spülen helfen", neckt sie ihn.

Tony weiß nicht recht, ob er mitlachen oder lieber beleidigte Leberwurst spielen soll.

Als Oma Gerda dann die zweite Packung von den leckeren Keksen einpackt, muss Tony dann doch schlucken. Das ist nicht fair, findet er. Aber er schweigt.

Auf dem Nachhauseweg kommt Tony ganz schön ins Schwitzen. Oma Gerda zieht einen zusätzlichen kleinen Wagen mit Einkäufen hinter sich her.

Tony ist nicht aufgelegt zum Reden. Und das ist auch nicht nötig, denn beide haben dafür überhaupt keine Puste mehr.

Zu Hause angekommen, packt Oma Gerda aus und verstaut alles in den Schränken und der Vorratskammer. Auch die leckeren Chips, die Oma Gerda Tony heute gekauft hat, machen ihm keine rechte Freude.

„So." Oma Gerda ist fertig und lässt sich auf den Küchenstuhl plumpsen. „Jetzt mache ich uns einen Kakao und dazu können wir ein paar Kekse essen."

„Och jo, die ollen", will es Tony aus dem Mund rutschen, doch zum Glück kann er sich das gerade noch so verkneifen.

Oma Gerda stellt Tony den Kakao hin und reißt die Kekspackung auf. „Ich denke, wir sollten auch wissen, wie die schmecken!"

Erst jetzt fällt Tony auf, dass es die besonderen Kekse sind. Verlegen schüttelt er den Kopf. Jetzt schämt er sich.

„Das ist ein Befehl!" Oma Gerdas Augen funkeln verschmitzt.

„Dann kann ich es nicht ändern. Schließlich muss ich ja gehorchen." Tony grinst breit und nimmt sich von dem neuen Gebäck.

„Wir beiden können die ganze Schachtel verputzen! Die ist nur für uns!"

„Prima! Und das, obwohl ich gar kein Besuch bin!"

Eilig nimmt Tony sich den nächsten Keks und greift nach dem Kassenzettel, der auf dem Tisch liegt.

„Mannomann, hast du viel eingekauft. Der will ja gar nicht mehr enden!", staunt er.

„Am Sonntag in der Gemeindestunde haben wir davon gehört", erzählt Oma Gerda sinnend. „Wovon? Von Kassenzetteln?" Tony runzelt die Stirn. Für ihn ergibt das keinen Zusammenhang. Doch Oma Gerda nickt: „Von unseren Sünden, die man sich wie einen nicht enden wollenden Kassenzettel vorstellen kann. Darauf stehen dann Sünden wie: Streit, Lüge, Diebstahl, Stolz, Neid und so weiter. – So viel! So viel! – Wir sind praktisch zahlungsunfähig, wir haben keine Chance, diese Rechnung zu begleichen. Da kommt der Herr Jesus und bezahlt für unsere Sünden mit seinem Tod am Kreuz."

Oma Gerda muss schlucken und Tony sieht, dass sie sich verstohlen eine Träne wegwischt. „Natürlich müssen uns unsere Sünden auch leidtun und wir müssen sie bekennen. Sie Gott im Gebet sagen und um Vergebung bitten! Das ist ganz wichtig!"

„Da sind ganz schön viele Sünden zusammengekommen", murmelt Tony. „Viele kleine Dinge. Viele große Dinge."

Oma Gerda nickt lächelnd. „Ja, Tony, mir geht es ganz ähnlich wie dir! Ich hatte auch einen langen, langen Kassenzettel."

„Noch länger als deiner hier?" Tony hebt den Kassenzettel in die Luft.

„Glaub mir, der ist sehr kurz dagegen! Aber Gott hat mir alles vergeben."

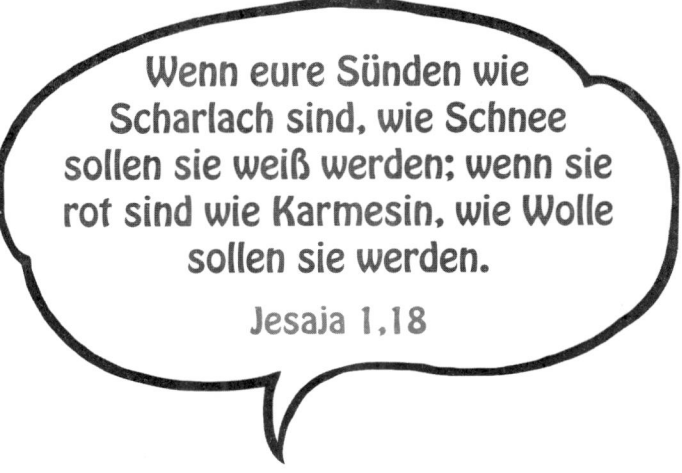

Wenn eure Sünden wie Scharlach sind, wie Schnee sollen sie weiß werden; wenn sie rot sind wie Karmesin, wie Wolle sollen sie werden.

Jesaja 1,18

Oma Gerda macht Hausputz

Oma Gerda lässt Wasser in den Putzeimer. In ihren großen blauen Putzeimer. Ein großer Spritzer Seife kommt ebenfalls dazu.

Oma Gerda rückt ihre große Brille zurecht, damit sie auch allen Schmutz sieht und ihren Augen nichts entgeht. Auch die Krümel, die zu Boden fallen, erblickt Oma Gerda sofort. „Tony!" Ihr Ton ist bestimmend. „Du kannst gerne Kekse essen, aber bitte nicht so!"

„Ich krümele – du putzt weg", Tony grinst breit, „ist das nicht perfekte Arbeitsteilung?"

„Wenn wir ab und zu tauschen, gerne." Oma Gerda hebt den Putzeimer aus dem Spülbecken.

„Du hast gesagt, dass ich nur störe bei deiner Arbeit", Tony verschränkt die Arme. „Ich würde ja helfen, wenn du mich nur ließest!"

„Das ist nicht so einfach!" Oma Gerda überlegt. „Auf den Dachboden kann ich dich nicht schicken." Sie wirft einen Blick auf den blauen Rollstuhl, in dem Tony sitzt.

„Behandel' mich doch bitte ganz normal!" Tony reagiert leicht sauer. „Ich kann die Treppe hochrutschen und du bringst meinen Rollstuhl nach oben!"

„Auf keinen Fall!", Oma Gerda schüttelt den Kopf. „Keine Experimente!"

„Wieso nicht?" Tony ist plötzlich für seinen eigenen Vorschlag Feuer und Flamme.

„Deine Eltern sind dagegen, das weißt du! Und ich ..."

Sie wird durch ein unüberhörbares Fiepsen unterbrochen.

„Eine Maus, Oma Gerda! Eine echte Maus!" Tonys Unmut ist mit einem Mal verschwunden.

„Wo denn?" Oma Gerda schiebt ihre Brille ein weiteres Mal bis zum Anschlag nach oben.

„Da, unter dem Küchentisch", flüstert Tony in angespannter Haltung. „Wo die wohl so plötzlich herkommt?"

Oma Gerda bückt sich tief.

Jetzt sieht sie das Tierchen auch. Die kleine graubraune Maus ist eifrig beschäftigt. „Was macht sie denn?"

„Sie knabbert!"

„Woran denn?" Oma Gerda wirft einen Blick in Richtung Speisekammer.

„Keine Ahnung! Komm, Oma Gerda, wir fangen sie!"

„Fangen?"

„Ja klar!"

„Das wird schwierig." Oma Gerda hockt inzwischen auf ihren Knien, um alles besser im Blick zu haben.

„Wir müssen sie locken! Am besten mit Essen!"

„Und das soll klappen?" Oma Gerda ist immer noch sehr skeptisch.

„Natürlich! Mit Essen geht alles! Du lockst mich doch auch immer mit leckerem Essen zu dir! Wieso soll das nicht bei einer Maus klappen?"

„Wir brauchen einen glatten Eimer oder so was. Am besten ein Stück Käse und Zeit! Die habe ich ja!" Plötzlich findet Tony es super, dass er bei der Putzarbeit nicht helfen kann.

Oma Gerda putzt und putzt. Sie wischt die Schränke alle ab, die Lampen, die Bücher im Regal. Sie rückt die Stühle hin und her, schlägt den alten Teppich im Wohnzimmer aus, sie ...

„Ich hab sie!", brüllt Tony und reißt den Eimer auf, „ich hab sie!"

Oma Gerda hat sich bei Tonys lautem Schrei sichtlich erschrocken.

Sie eilt herbei. Noch ist das kleine Tier eifrig damit beschäftigt, an dem Käse zu knabbern. Seine Gefangenschaft hat es noch nicht realisiert.

„Und jetzt?", will Oma Gerda wissen.

„Wir haben zu Hause unseren alten Rattenkäfig, da kann ich ihr ein gemütliches Zuhause einrichten", meint Tony unbekümmert.

„Und du glaubst, die Gefangenschaft wird ihr gefallen?"

„Wieso nicht?" Tony stellt den Eimer ab und verschränkt die Arme hinter dem Kopf. „Ich glaube, ich nenne sie Jona!"

„Wen, die Maus?" Oma Gerda ist erstaunt. „Wieso Jona?"

„Na ja, weil du gerade von Gefangenschaft erzählst, fällt mir Jona ein. Er war doch im Bauch des großen Fisches gefangen. – Das ist doch krass! Kannst du dir eine spannendere Gefangenschaft vorstellen?" Tony sieht Oma Gerda an. „Glaubst du, dass er dort echt Angst gehabt hat?"

„Ganz sicher!" Jetzt nickt Oma Gerda. „In der Bibel steht sogar in Jona, Kapitel 2, Vers 3, dass er in seiner Bedrängnis rief. Das ist Angst! Und es ist auf jeden Fall eine sehr, sehr ungewöhnliche Gefangenschaft, da hast du recht! Das war die Strafe Gottes! Und Jona hat das eingesehen!"

„Ich glaube, ich setzte meinen Jona wieder in den Garten. Darf er in deinen Garten? Er tut mir jetzt doch leid. Stell dir vor, er hat auch Angst! Glitschig wie in einem Fischbauch ist der Eimer auch!" Oma Gerda muss ein Grinsen unterdrücken. Dann nickt sie.

Gemeinsam setzen sie die Maus ins Freie. Tony sieht ihr nach, bis sie unter der dichten Hecke verschwindet. „Liest du mir die Geschichte von Jona mal ganz vor?", will Tony wissen.

Wortlos nimmt Oma Gerda das dicke Buch, ihre Bibel, vom Wohnzimmertisch. „Lass uns gemeinsam lesen. Das ist eine echt spannende Geschichte!"

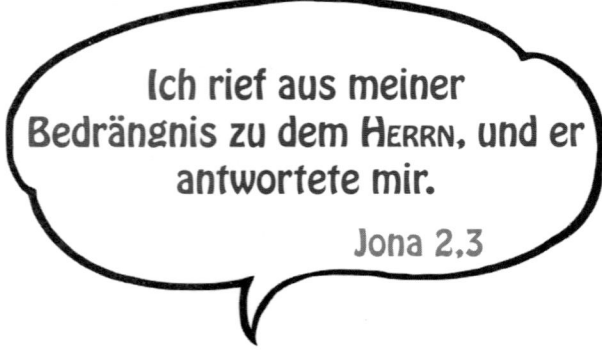

Ich rief aus meiner Bedrängnis zu dem HERRN, und er antwortete mir.

Jona 2,3

Oma Gerda ist treu!

„So." Schnaufend kommt Oma Gerda durch die Terrassentür in die Wohnung. „Jetzt raus mit dir!", befiehlt sie Tony. „Damit du wieder Farbe bekommst und gut aussiehst."

„Dann bleibe ich besser drin", Tony grinst frech.

„Wieso?", Oma Gerda kann nicht recht folgen.

„Wenn ich dann noch besser aussseh, als ich sowieso schon aussehe", Tony schüttelt den Kopf. „Das wäre doch fies dir gegenüber", er lacht.

„Wenn du frech bist, scheint es dir auf jeden Fall wieder gut zu gehen." Oma Gerda lacht jetzt auch. „Da bin ich echt froh. Die Grippe hat dich doch ganz schön von den Beinen gehauen."

„Im wahrsten Sinne des Wortes", Tony knufft Oma Gerda in die Seite und lacht immer noch.

„Ups, das war jetzt keine Absicht", entschuldigt Oma Gerda sich und wirft einen Blick auf Tonys Rollstuhl.

„Ich weiß, wie du's meinst." Tony legt seine Hand in die von Oma Gerda. „Und ich bin dir wirklich dankbar."

„Wofür denn?", will Oma Gerda wissen.

„Na dafür, dass du die letzten Wochen jeden Tag zu mir nach Hause gekommen bist. Auch auf die

Gefahr hin, dich anzustecken. Das war schon klasse von dir."

„Mit Mundschutz und viel Desinfektionsmittel." Oma Gerda wird ein bisschen rot von Tonys Lobeshymne. „Ich bin dir jedenfalls dankbar für deine Treue", nimmt Tony wieder den Faden auf. „Das muss dir erst einmal jemand nachmachen." Tony fährt jetzt mit seinem Rollstuhl auf die Terrasse, wo die ersten Sonnenstrahlen nach langen Regentagen zu ihnen durchdringen.

„Ich weiß auch schon, wieso Gott wollte, dass ich die Grippe bekomme", erklärt er jetzt.

„Ach wirklich?" Jetzt ist Oma Gerda gespannt.

„Ja", Tony ist sich ganz sicher. „Ich habe nämlich noch nie so viele Geschichten aus der Bibel gehört wie in diesen Wochen. Jeden Tag hast du mir mindestens zwei, drei Geschichten erzählt oder vorgelesen. – Ich glaube, Gott hat mir schulfrei geschenkt, damit ich ihn und die Bibel besser kennenlerne."

Oma Gerda sinnt für einen Moment nach. Wie einfach und wie schön doch manchmal kindliche Schlussfolgerungen sind. Da kann man beinahe neidisch werden.

„Und?", will Oma Gerda wissen, „welche Geschichte hat dir denn so am besten gefallen?"

„Die von David", kommt es sofort von Tony.

„Von David?" Oma Gerda zieht die Augenbraun nach oben. „Die ist ja lang! Was denn genau davon?"

„Da, als Absalom König werden wollte und seinen Vater vom Thron gejagt hat ...", erzählt Tony.

„Das hat dir gefallen?", Oma Gerda runzelt die Stirn. „Also, ich finde das eine schlimme Geschichte."

„Du hast mich ja nicht ausreden lassen. – Ich meine, da wo David floh und als, wie hieß der Mann noch ..." Tony überlegt einen kurzen Moment. „Ich meine Ittai. Genau, dass Ittai sich auf die Seite Davids gestellt hat und mit ihm gekommen ist, das hat mir richtig gut gefallen."

Oma Gerda nimmt die Bibel zur Hand, die auf dem Terrassentisch liegt und aus der sie eben noch gelesen hat. „Weißt du noch, wo ich in meiner Bibel suchen muss?", will sie mit gewitzten Ton wissen.

„Ha!", Tony klatscht erfreut in die Hände. „2. Samuel 15,19! – Jetzt hab ich's dir gegeben!"

Oma Gerda lacht: „Da hast du sogar recht. Ich lese nochmal:

Da sprach der König zu Ittai, dem Gatiter: Warum willst auch du mit uns gehen? Kehre um und bleibe beim König; denn du bist ein Ausländer und sogar in deinen Ort eingewandert.

Gestern bist du gekommen, und heute sollte ich dich mit uns umherirren lassen? Ich aber gehe, wohin ich gehe. Kehre um und führe deine Brüder zurück; Güte und Wahrheit seien mit dir!

Aber Ittai antwortete dem König und sprach: Sowahr der HERR lebt und mein Herr, der König, lebt, an dem Ort, wo mein Herr, der König, sein wird, sei es zum Tod, sei es zum Leben, dort wird auch dein Knecht sein!

Da sprach David zu Ittai: Komm und zieh hinüber! Und Ittai, der Gatiter, zog hinüber mit allen seinen

Männern und allen kleinen Kindern, die bei ihm waren."

„Siehst du, die Treue hat mir so gut gefallen. Ittai war ein toller Mann, finde ich. – Und deshalb fand ich auch so schön, dass du so treu mir gegenüber warst", erklärt Tony.

„Nur dass du kein König bist!" Oma Gerda lacht.

„Das wäre aber toll, wenn du wie Ittai mein Knecht wärst!" Tony ist vergnügt.

Oma Gerda gibt Tony eine leichte Kopfnuss. „Träum weiter."

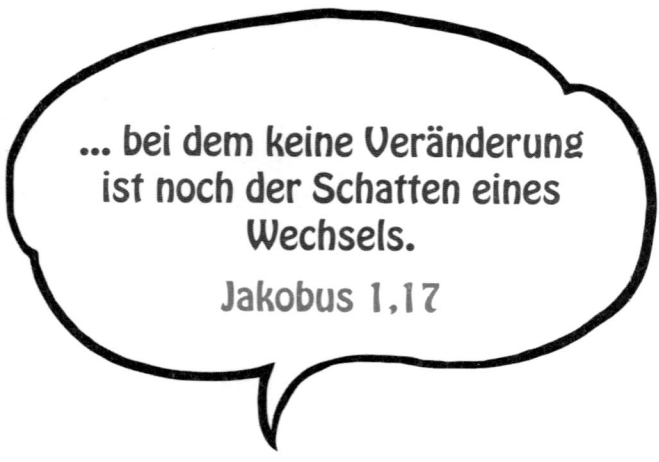

Oma Gerda geht in den Zoo

Tony sieht Oma Gerda schon von weitem, und das, obwohl sie heute keine Schürze trägt. Die hat sie eingetauscht gegen ihren dünnen Sommermantel. Es ist kein normaler Mantel, wie ihn andere alte Leute tragen, nein, er ist knatschrot.

Typisch eben, typisch Oma Gerda. Tony ist froh über sie. Froh darüber, dass sie anders ist als andere. Denn das macht sie für Tony zu etwas ganz Besonderem.

„Na, mein Junge!" Jetzt ist Oma Gerda schon bei Tony und drückt zur Begrüßung seine Hand. Kein normales Händeschütteln, sondern so von der Seite, eher kumpelhaft.

„Hast du schon unsere Karten gelöst?", will sie jetzt wissen.

Tony nickt.

„Prima, dann können wir ja gleich los." Oma Gerda brennt vor Tatendrang.

Sie gehen beziehungsweise rollen nebeneinanderher. Tony im Rollstuhl und Oma Gerda zu Fuß.

„Danke, dass du dran gedacht hast", wendet Tony sich an seine Oma Gerda.

„Das ist doch selbstverständlich!" Oma Gerda ist damit beschäftigt, ihren Fotoapparat aus ihrer

Handtasche zu kramen. „Schließlich ist es deine Geburtstagsreise. Wenn auch verspätet, aber du weißt ja: Jedes Jahr darfst du dir ein Ziel aussuchen."

„Gehen wir zuerst in das Elefantenhaus?" Tony ist ein bisschen aufgeregt. „Dort gibt es gleich eine Fütterung."

„Oh ja, beeilen wir uns!"

Heute sind viele Leute da und Oma Gerda hat keine Chance, für Tony Platz zu schaffen, obwohl sie es mutig und mit ihrer ganzen Fülle versucht.

„No way!" Oma Gerda schüttelt den Kopf. Diese englische Redewendung hat sie von Tony übernommen.

„Dann eben die Affen." Tony will rückwärts fahren, doch auch das ist durch die Menschenmassen ein echtes Problem. Die Leute drängeln noch mehr, denn der Wärter bahnt sich gerade einen Weg.

„Abhauen, jetzt wo's gerade erst beginnt!" Der Mann in seiner grünen Latzhose spricht Tony einfach an.

„Ich hab nicht wirklich eine Chance." Tony zuckt hilflos mit den Schultern.

Tony ist glücklich. Der Wärter hat ihn und natürlich auch Oma Gerda bis ganz nach vorne geholt. Die beiden Elefantendamen Susi und Urmel sind jetzt direkt hinter den Gitterstäben. Der Wärter schiebt Tony behutsam ein Stück vorwärts. „Du kannst Urmel vorsichtig am Rüssel streicheln, das mag sie sehr."

„Wie rau ihre Haut ist", stellt Tony fest.

„An den Füßen sind sie dafür ganz empfindlich. Damit können sie Erschütterungen aus sehr weiter Ferne spüren. Eine tolle Erfindung", erklärt der Wärter.

„Gottes Erfindung", fügt Tony hinzu.

Erstaunt sieht ihn der Wärter an, sagt aber nichts weiter. Jetzt wendet er sich auch an die anderen Leute. „Sie können hier Möhren und Äpfel füttern. Bitte halten Sie aber mindestens einen Meter Abstand. Danke!" Er tritt zur Seite.

Viele Kinder kommen nach vorne. Auch Tony ist

begeistert dabei, Urmel zu füttern, denn Urmel steht auf seiner Seite. Sie ist ein ganzes Stück größer als Susi und älter ist sie auch.

Plötzlich ein erschrockener Ausruf. Urmel hat mit ihrem Rüssel eine Handtasche hinter das Gitter gezogen. Einige Kinder

73

jubeln, andere verstecken sich hinter ihren Eltern, aus Angst, selber in den Stall gezogen zu werden.

„Bleiben Sie ganz ruhig!" Der Wärter hebt die Hand.

„Meine Handtasche!" Diese Stimme kennt Tony. Erst jetzt hat er begriffen, dass es Oma Gerdas Handtasche ist, die Urmel an sich gebracht hat.

Ohne zu zögern geht der Wärter in den Stall zu den beiden Elefantendamen. Urmel ist sehr geschickt. Mittlerweile hat sie es tatsächlich geschafft, die Tasche zu öffnen.

Sie holt ein paar Taschentücher hervor und schleudert sie mit einem Trompeten durch die Luft. Sie hat Spaß, kein Zweifel! Und dann, dann holt sie Oma Gerdas liebstes Buch aus der Tasche: die Bibel.

Oma Gerda muss grinsen. Denn als ob Urmel etwas demonstrieren will, hebt sie die Bibel unerreichbar für den Wärter weit nach oben in die Luft direkt vor die Besucher. Tony fasst Mut und fährt trotz „Verbot" direkt vor Urmel hin. Nur noch ein paar dicke Gitterstäbe trennen ihn und Urmel voneinander. Urmel wird unerwartet ruhig.

Und tatsächlich, die alte Elefantendame legt das Buch vorsichtig in seine Hand.

„Danke, Urmel!" Tony ist froh.

Zwei Stunden später streben Tony und Oma Gerda dem Ausgang zu.

„Das war toll heute!" Tony ist begeistert. „Ich glaube, ich nehme nächstes Mal auch eine Handtasche mit. Meine kann Urmel dann behalten."

Oma Gerda lacht. „Eine Elefantendame ohne Handtasche ist auch keine echte Dame!"

„Hast du die Leute gesehen, als Urmel deine Bibel rausgeholt hat?"

„Vielleicht hat das den einen oder anderen an seine Bibel zu Hause erinnert. Eine Bibel, die irgendwo rumliegt und nicht gelesen wird."

„Dann sollte das wohl so sein. Gott hat einen Elefanten benutzt", ist Tony der festen Meinung. „Da bin ich mir sicher!"

„Wofür eine Bibel in der Handtasche alles gut sein kann!" Mit festem Schritt geht Oma Gerda auf den Eisstand zu. „Da Urmel mein Geld nicht gemopst hat, sollten wir die Gelegenheit nutzen."

„Das sehe ich genauso!" Tony gibt Schwung.

... wir bitten an Christi statt:
Lasst euch versöhnen mit Gott!

2. Korinther 5,20

Oma Gerda kämpft mit dem Wind

Restlos begeistert erzählt Tony Oma Gerda von dem gestrigen Nachmittag. Sein Vater und er haben seinen neuen Drachen steigen lassen. „Und dann hat der Wind so heftig gepustet", Tony unterstreicht das Gesagte mit heftigen Armbewegungen, „da hat er mich wirklich ein Stück gezogen. Ich bin mit dem Wind gefahren. Ohne meinen Rollstuhl selber zu bewegen. Das war so was von cool!" Seine Augen strahlen.

Oma Gerda schmunzelt: „Ja, das kann ich mir vorstellen!" Sie nickt. „Heute ist der Wind fast genauso stark wie gestern. Fast ein bisschen wie Sturm!"

Tony sieht aus dem Fenster. „Dein Gartentisch da draußen steht gleich beim Nachbarn. Der wird sich freuen. Kostenlose Möbel!" Immer wieder hebt sich eins der Tischbeine und wird dann mit einem Knall auf den Betonboden zurückgedrückt.

Kopfschüttelnd steht Oma Gerda auf. „Du hast recht. Ich glaube, den muss ich ein bisschen windsicher hinstellen." Sie öffnet die Tür zum Garten. Sofort fährt eine frische Brise durch den Raum.

„Herrlich! Ich fliege!", Tony breitet beide Arme aus. „Warte, ich helfe dir!"

„Lass mich das mal machen", erwidert Oma Gerda und tritt vorsichtig über die Schwelle nach draußen.

Die Tischdecke hat sich verselbständigt und sich genau mitten in Tonys Gesicht platziert. Jetzt muss Oma Gerda lachen.

„Ich bin ein Gespenst! Huhu!" Sofort spielt der Bengel eine andere Rolle.

Gerade zieht er sich die Tischdecke vom Gesicht, da knallt mit einem Mal die Gartentür zu. Tony lacht. Er findet es unheimlich lustig, dass Oma Gerda sich ausgesperrt hat.

Immer wieder fliegt ihre Schürze hoch, die sie umgebunden trägt. Mit aller Kraft schafft sie es schließlich, den Gartentisch in eine windgeschützte Ecke zu stellen. Sie klopft an die Glastür: „Wenn der junge Mann mir bitte öffnen würde?"

„Wer sind Sie denn? Ich kann Sie gar nicht sehen? Ein Außerirdischer vielleicht?"

Tony hat sein Gesicht an die Tür gedrückt und lacht. Immer und immer wieder verdeckt die Schürze Oma Gerdas Gesicht.

„Wenn du mir nicht aufmachst, bin ich gleich abgehoben", ruft Oma Gerda laut, um den Wind zu übertönen.

„Das glaube ich kaum." Tony öffnet die Tür. „Dafür brauchten wir dann schon einen Tornado!"

Oma Gerda beeilt sich ins Haus zu kommen. „Du bist frech! Habe ich dir das nicht schon einmal gesagt?" Spaßhaft packt sie Tony am Ohr.

„Ziemlich oft." Tony grinst. Durch die erneute Sturmböe, die durch die Wohnung fegt, kracht ein Stuhl zu Boden.

Mit zerzausten Haaren und roten Wangen schließt Oma Gerda die Gartentür und sperrt den Wind aus.

„Schade, dass wir nicht einfach rufen können: ,Schweig! Verstumme!'", Tony schmunzelt. „Das wäre doch was, wenn der Wind mir gehorchen würde, so wie dem Herrn Jesus."

„Du meinst sicher die Geschichte auf dem See, als die Jünger mit dem Boot unterwegs sind, in einen schweren Sturm geraten und der Herr Jesus geschlafen hat."

„Ja, genau die", Tony nickt. „Ich kann mir vorstellen, wie verblüfft die Jünger da waren! Damit haben sie wirklich nicht gerechnet, dass der Herr Jesus einen Sturm beruhigen konnte, einfach so, mit seinen Worten!"

„Was hältst du davon, wenn wir die Geschichte mal richtig lesen?" Oma Gerda holt ihre dicke Bibel.

„Mama kommt erst in einer Stunde", Tony nickt eifrig, „bis dahin können wir noch locker mit den Jüngern und dem Herrn Jesus auf den See fahren.

Bei den Windgeräuschen draußen packt einen die Geschichte sicher richtig!

Aber les wie immer, mit Betonung und so, damit es echt spannend wird!" „Lass das mal meine Sorge sein." Oma Gerdas Tonfall ist schon jetzt geheimnisvoll leise geworden.

„Prima", Tony rutscht ganz dicht an sie heran. Soweit sein Rollstuhl das zulässt, stößt er Oma Gerda immer wieder seitlich an.

„Was soll das?", Oma Gerda ist irritiert.

„Wir sind schon auf der stürmischen See", erklärte Tony. „Ich rudere, und ich hab' das Kommando! Also Ruhe! Sonst legen wir sofort wieder an!"

Seid guten Mutes, ich bin es; fürchtet euch nicht!

Matthäus 14,27

Tony hilft Nick

Tony fährt langsam mit seinem Rollstuhl Richtung Schulbus und gähnt. Die letzte Stunde Erdkunde war total langweilig. Na ja, eigentlich nix Neues. Bei Herrn Berger ist einfach jedes Fach, das er unterrichtet, Langeweile pur. Es kann das spannendste Thema überhaupt sein, Herr Berger schafft es garantiert, es tot trocken und kein bisschen mitreißend zu präsentieren. Dabei kratzt er mit der Kreide an der Tafel, dass es wehtut in den Ohren. Herr Berger ist der absolute No-Go unter den Schülern.

Tony gähnt ein weiteres Mal. Wenigstens keine Hausaufgaben.

Plötzlich ist Tonys Langeweile verschwunden. Er ist hellwach. Lautes Lachen und spöttische Rufe sind direkt hinter der Mauer zu hören. Und da, hört er da ein Schluchzen?

Kräftig schiebt Tony seinen Rollstuhl an. Dann bleibt er abrupt stehen.

Ein Junge, Tony schätzt ihn auf sein eigenes Alter, lehnt an der Mauer. Er wirkt total verängstigt. Ihm gegenüber stehen drei ältere Teenager. Offensichtlich haben sie einen Schulranzen zu viel, den sie mit spöttischen Kommentaren und lautem Lachen entleeren. Sie lassen Hefte und Schulbücher eins nach dem anderen achtlos auf den Asphalt klatschen.

„Ist das dein Rucksack?", will Tony von dem kleineren Jungen wissen.

Stummes Nicken gibt ihm Auskunft.

Tony kennt keine Furcht. Kurz entschlossen unterbricht er die Szene. „Lasst das bitte!" Tony ist mit seinem Rollstuhl vor die drei älteren Teenager gefahren und hält die Hand fordernd auf.

„Lasst das, bitte", äfft einer der drei Tony nach und zieht dabei eine Fratze.

„Wer will uns denn daran hindern?" Herausfordernd sieht der Teenager, der den Schulrucksack in seiner linken Hand hält, Tony an. „Etwa ein Krüppel?" Er grinst schief. Und hat sichtliche Freude daran, sein nächstes Opfer gefunden zu haben. Die anderen beiden lachen.

Tony ignoriert die provozierende Frage. „Was jetzt? – Gibst du den her?"

„Gerne!" Der Teenager lässt den Rucksack fallen, packt mit einer Hand Tonys Rollstuhl, zieht ihn zu sich herum und hält ihn fest. Die anderen beiden klatschen lässig Beifall.

„Muss uncool sein, es mit einem Krüppel aufzunehmen", entgegnet Tony ruhig.

„Ganz im Gegenteil!" Der Teenager tritt mit seinem Schuh hart gegen Tonys Hand, die am Rollstuhlreifen liegt.

„Autsch", mit schmerzverzerrtem Gesicht zieht Tony sie zurück. Das hat so richtig wehgetan.

Die Jugendlichen kichern.

„Spinnt ihr?" Auf einmal ist auch der Junge zur Stelle, der bis dato eigentlich das Opfer gewesen war.

„Wie mutig du auf einmal sein kannst!" Einer der anderen Teenager stößt den fipsigen Jungen heftig zurück, so dass er rücklings zu Boden fällt.

Tony versucht sich indes zu befreien. Das Handgemenge wird heftiger. Jetzt beteiligen sich auch die anderen beiden Jugendlichen mit Tritten und ihren Fäusten. Der offensichtliche Anführer der Truppe bringt Tonys Rollstuhl mit boshaftem Grinsen zum Kippen. Tony landet unsanft auf dem Teer. Gerade will sein Gegner mit einem heftigen Tritt in Tonys Magengegend nachhelfen, als sie durch einen lauten Ruf unterbrochen werden. Auf einmal geht alles sehr schnell. Die drei Teenager nehmen ihre Beine unter die Arme und weg sind sie.

Tony hört eilige Schritte und schon ist jemand neben ihm.

„Tony?" Die Stimme kommt ihm bekannt vor.

Es ist niemand anders als Herr Berger, sein so langweiliger Erdkundelehrer.

„Er wollte mir bloß helfen", schluchzt der fremde Junge.

„Ich bin okay", Tony versucht sich aufzusetzen.

Herr Berger hilft ihm dabei. „Na ja, okay? – Was soll ich sagen, du siehst ganz schön mitgenommen aus", meint sein Lehrer.

Tony fühlt vorsichtig an seiner Stirn und hat Blut an seinen Händen.

„Und ne ordentliche Platzwunde hast du auch", Herr Berger hebt Tony auf. „Ich fahre dich in die Klinik und die sollen dich mal durchchecken.

„Das ist überhaupt nicht nötig", protestiert Tony.

„Nimmst du seinen Rollstuhl?" Herr Berger wendet sich an den anderen Jungen und geht gar nicht auf Tonys Protest ein.

Oma Gerda steht neben Tonys Bett.

„Die wollen mich für eine Nacht hierbehalten. Wegen einer eventuellen Gehirnerschütterung. Total übertrieben", berichtet Tony Oma Gerda. An seiner Stirn hat er ein großes Pflaster kleben und seine Hand ist in Gips.

„Dass du ne Nacht hierbleibst, ist sicher wichtig." Oma Gerda sieht Tony prüfend an. „Und sonst?", will sie wissen.

„Alles gut. Wie du siehst, habe ich nur einen kleinen Dachschaden", Tony grinst schief und fühlt noch einmal mit seiner Hand das große Pflaster an seiner Stirn.

Oma Gerda schmunzelt. „Ich bin schon ein bisschen stolz auf dich."

„So mutig war ich gar nicht", beichtet Tony und wird ein bisschen rot. „Ich hatte ganz schön Schiss!"

„Bis Herr Berger kam!" Oma Gerda betont die Worte, denn sie kennt den „ach so langweiligen" Lehrer genügend von Tonys Erzählungen.

„Ich weiß", Tony beißt sich verlegen auf die Lippe. „Ohne ihn wäre das alles ganz anders ausgegangen."

„Vor der Tür wartet übrigens dein fremder Junge, er heißt Nick. Darf ich ihn reinholen?", will Oma Gerda wissen.

Nick und Tony sind jetzt allein im Krankenzimmer. Oma Gerda und Tonys Mutter sind in die Cafeteria gegangen.

„Es tut mir echt leid", entschuldigt Nick sich immer und immer wieder. „Meinetwegen bist du in diese Schwierigkeiten gekommen."

„So einfach kommst du mir nicht davon", meint Tony einfach.

„Was denn? Ich tue alles!" Nick sieht Tony verunsichert an.

„Du kommst Sonntag mit in die Kinderstunde", lädt Tony ihn ein, oder besser gesagt bestimmt er.

„Kinderstunde? Geht es dort um die Bibel?", will Nick wissen und sieht auf das Buch, das Tony auf seinem Nachtschränkchen liegen hat.

„Genau! Und um Gott und den Herrn Jesus", erklärt Tony weiter.

„Hast du mir deshalb geholfen? Weil du ein Christ bist?", fragt Nick weiter.

„Ja", Tony nickt. „Der Herr Jesus hätte auch geholfen. – Er hatte nicht nur eine Platzwunde an der Stirn oder eine gebrochene Hand, er ist sogar für uns gestorben."

Nick ist erstaunt. „Für mich auch?"

„Ja, auch für dich", Tony sieht Nick an. „Weil er dich total lieb hat."

Nick muss schlucken. „Mich hat eigentlich niemand so richtig lieb."

Tony legt seine gesunde Hand auf die von Nick. „Glaub mir, der Herr Jesus ist genau das Richtige für dich! Die Schwachen und die Außenseiter, die, die in der Welt keinen richtigen Platz haben, für die hat der Herr Jesus ein ganz besonderes Herz."

„Nicht die Starken brauchen einen Arzt, sondern die Kranken. Ich bin nicht gekommen, Gerechte zu rufen, sondern Sünder." Markus 2,17

Nicht die Starken brauchen einen Arzt, sondern die Kranken. ... denn ich bin nicht gekommen, Gerechte zu rufen, sondern Sünder.

Matthäus 9,12

Oma Gerda und Tony haben Stress

„Ich habe einen irrsinnig wichtigen Wunsch", sagt Tony und sieht Oma Gerda bittend an.

„Irrsinnig und noch wichtig!" Oma Gerda lacht. „Jetzt versteh ich auch, wieso du heute so anhänglich und so nett zu mir bist."

„Nett? Das bin ich doch eigentlich immer", protestiert Tony.

„Na ja", erwidert Oma Gerda und wiegt den Kopf hin und her. „Wirklich immer?"

„Jedenfalls meistens, und deshalb könntest du mir doch einen Wunsch erfüllen", fängt Tony wieder an.

„Dazu muss ich erst einmal wissen, worum es sich überhaupt handelt!" Oma Gerda muss grinsen. „Du kennst doch Felix", beginnt Tony wieder.

„Na klar, Felix ist dein bester Freund, geht in deine Klasse und hat einen kleinen Hund ..."

„Genau, den Hund, Foxi heißt der, den meine ich", fällt Tony ihr ins Wort und lässt Oma Gerda gar nicht ausreden. „Felix fährt nämlich mit seinen Eltern für ein paar Tage weg, und seinen Hund kann er nicht mitnehmen."

„Und was weiter?"

„Ich habe mich angeboten, ihn für die Zeit zu

nehmen", erzählt Tony weiter.

„Hört sich ja ganz lustig an", antwortet Oma Gerda und schmunzelt. „Und was habe ich damit zu tun?"

„Na hör mal!", ruft Tony mit gespielter Entrüstung und lacht. „Ich bin doch jeden Nachmittag bei dir. Und morgens früh, wenn ich in der Schule bin, kann er auch nicht bei uns zu Hause bleiben. Schließlich sind meine Eltern arbeiten und Papa hat eine Hundehaar-Allergie."

Oma Gerda ist baff. „Das ist hoffentlich nicht dein Ernst?" Plötzlich schmunzelt sie nicht mehr.

„Du hast doch gesagt, du findest es lustig?" Tony runzelt verwirrt die Stirn.

„Ja, aber da hatte es noch nichts mit mir zu tun. Du weißt genau, dass ich Angst vor Hunden habe!" Oma Gerda fängt langsam an, sich aufzuregen.

„Foxi ist ein kleiner Hund und er ist ziemlich niedlich", versucht Tony Oma Gerda zu beruhigen.

„Kleine Hunde können ganz schön hinterlistig sein. Ich habe dir doch von unserem Nachbar und seinem Dackel erzählt", widerspricht Oma Gerda energisch.

„Foxi ist aber nicht hinterlistig", antwortet Tony leicht trotzig. „Er ist wirklich total lieb."

Für einen kurzen Moment sagt niemand der beiden ein Wort.

„Nein!", sagt Oma Gerda mit fester Stimme.

„Aber ...", begehrt Tony auf. Er ist mit Oma Gerdas Entschluss nicht einverstanden.

Doch Oma Gerda gibt nicht nach: „Das ist kein

Thema mehr zum Diskutieren. Basta!"

„Ich habe Felix aber doch schon versprochen, dass ich ihn nehme ..." Tony muss schlucken.

„Du hast was? – Und ohne vorher mit mir darüber zu sprechen? Wo Foxi die meiste Zeit bei mir bleiben soll?" Mittlerweile läuft Oma Gerda aufgebracht durch die Küche.

„Als Christ soll man doch hilfsbereit sein. Ich fand, dass es eine gute Gelegenheit ist, es auch mal zu zeigen", zieht Tony seinen letzten Trumpf.

„Ach wirklich? Oder ist dir das mit der Hilfsbereitschaft erst gerade eben eingefallen?", Oma Gerda hebt die Augenbrauen.

Tony weiß: Bei dem Blick von Oma Gerda schweigt er besser.

„Ich fahr dann mal nach Hause." Tony packt seine Schulsachen ein.

„Schon fertig?", wundert Oma Gerda sich.

„Nee, den Rest erledige ich zu Hause", murmelt Tony. Nach einer kurzen Verabschiedung, die heute bei beiden recht kühl ausfällt, ist Tony verschwunden.

Oma Gerda lässt sich aufatmend auf den Küchenstuhl plumpsen. War sie zu streng mit Tony?

Am Abend liegt Tony noch lange wach im Bett. Eben hat er Oma Gerda per SMS für morgen abgesagt. Das macht er sonst nie, ganz im Gegenteil. Bei Oma Gerda ist es fast immer spannend, lustig und einfach nur schön. Auch sein Abendgebet vor dem Zubettgehen ist mit einem kurzen Satz erledigt. Tony ist total enttäuscht. Er hatte sich doch so sehr auf ein paar Tage mit Foxi gefreut, wo er den kleinen lustigen Hund nur für sich und Oma Gerda haben darf.

Tony kann sich nicht erinnern, wann er sich mit Oma Gerda das letzte Mal so gefetzt hat. Dass sein Gewissen schlägt, spürt Tony auch. Schließlich weiß er genau, dass dem Herrn Jesus das kein bisschen gefällt. Ob er wohl traurig ist über sein Verhalten gegenüber Oma Gerda?

Ehre ist es dem Mann, vom Streit abzustehen.

Sprüche 20,3

Oma Gerda und Tony – best friends again!

Tony haut mit der Hand nach seinem Wecker, der schrill und unbarmherzig klingelt. „Mist!"

Seine Handbewegung ist so energisch, dass der Wecker laut krachend zu Boden fällt.

„Tony?" Jetzt kommt Mama in sein Zimmer. „Alles in Ordnung?" Sie hebt das Gerät auf, das Tony heute wie eine tickende Zeitbombe vorkommt, auf. „Brauchst du Hilfe?"

„Nee, ich komm klar", brummt Tony nur und zieht die Bettdecke wieder über den Kopf.

„In zehn Minuten Frühstück." Mama ist schon wieder aus dem Zimmer.

Tony hebt erst das eine und dann sein anderes gelähmtes Bein in seine Jeans. Wie kann er Felix am besten beibringen, dass jetzt doch nichts aus dem „Hund aufpassen" wird?

Und wie bringt er den Streit mit Oma Gerda wieder in Ordnung? Und das alles zeitnah. Tony seufzt. Hätte er sich doch gar nicht erst angeboten, auf Foxi aufzupassen. Dann wäre er jetzt nicht so enttäuscht und zwischen Oma Gerda und ihm wäre auch noch alles entspannt.

Auch in der Schule ist Tony kein bisschen bei der Sache. Er träumt vor sich hin, überlegt, wie er Felix seine Situation erklärt und malt gelangweilt in seinem Heft herum, anstatt zuzuhören.

In der Pause kommt Felix prompt auf das Thema zu sprechen, noch bevor Tony sich überhaupt etwas Passendes zurechtlegen kann.

„Ich bring dir Foxi heute Nachmittag mal zum Probespaziergang", erzählt er, „dann könnt ihr euch schon mal ein bisschen aneinander gewöhnen. Okay?"

Tony nickt. Felix jetzt zu enttäuschen, das bringt Tony nicht übers Herz. Vielleicht ergibt sich ja nach dem Spaziergang mit Foxi eine passende Ausrede.

Tony ist nach der Schule nicht zu Oma Gerda gefahren, sondern nach Hause, ein paar Häuser weiter. Tony weiß, eigentlich müsste er sich dringend bei Oma Gerda entschuldigen, aber dieses Mal fällt es ihm echt schwer.

Da klingelt es auch schon. Felix mit Foxi stehen vor der Tür.

„Foxi", Tony klopft auf seine Knie und schwups ist der kleine Kerl auf seinen Schoß gesprungen.

„In einer Stunde hol ich ihn wieder ab", erklärt Felix schnell und schwingt sich auf sein Rad. Heute hat Felix irgendeinen wichtigen Termin, das weiß Tony noch.

„Oma Gerda würde dich total mögen, da bin ich mir sicher", flüstert Tony dem kleinen Hund mit seinem hellen Fell ins Ohr. „Aber jetzt wollen wir ausprobieren, ob das mit uns beiden und dem Gassi Gehen klappt."

Schnell muss Tony feststellen, dass es gar nicht so einfach ist, seinen Rollstuhl zu manövrieren und Foxi dabei an der Leine zu halten. Kreuz und quer fahren die beiden über die Straße. Mal dahin, mal dorthin, je nachdem wohin Foxi will. So hat Tony sich das nicht vorgestellt.

„Foxi, hierher!", befiehlt Tony.

Doch Foxi hat andere Dinge im Kopf. Die Katze auf der anderen Straßenseite ist nämlich interessant. Tony kommt mit seinem einen Rad der Bordsteinkante gefährlich nahe. Er versucht, seinen Rollstuhl festzuhalten und lässt dabei versehentlich die Leine von Foxi los. Im nächsten Moment jagt Foxi der Katze hinterher.

Tony ist fast ein bisschen wütend. Auf sich selber, auf Foxi und auch ein bisschen wütend darüber, dass er nicht wie jeder andere Junge den kleinen Hund wieder einfangen kann. „Foxi!" Langsam rollt Tony zu dem Garten, wo der kleine Hund reingejagt ist. „Foxi, wo bist du?"

Oma Gerda sitzt im Wohnzimmer. Vor sich einen Berg Wäsche, den sie zu falten hat. Dass Tony heute nicht gekommen ist, hat sie nachdenklich gemacht. War sie vielleicht doch ein bisschen streng mit ihm gewesen?

Plötzlich wird sie von einem: „Wau, wau!", aus ihren Gedanken gerissen. Erstaunt sieht sie sich um.

Vor ihrer Gartentür steht ein kleiner Hund, er neigt den Kopf seitlich und blickt sie pfiffig und ein bisschen herausfordernd an.

Oma Gerda steht auf und tritt an die Gartentür. „Ich glaube, du hast dich verlaufen." Sie geht in die Hocke, um auf Augenhöhe zu sein.

Doch statt zu bellen oder einfach wieder wegzulaufen, legt sich der Kleine einfach vor Oma Gerdas Gartentür.

„Na hör mal!" Oma Gerda hat sich jetzt doch ein Herz gefasst und öffnet die Tür. „Du bist falsch hier!"

Doch das findet der kleine Hund nicht. Wie selbstverständlich tappst er ins Wohnzimmer zur Besichtigung seines neuen Zuhauses. Oma Gerda ist ratlos. Was soll sie mit dem kleinen Kerl anfangen?

Hops, springt er auf Omas Lieblingscouch und macht es sich dort gemütlich. Auch dass Oma Gerda derweilen in die Küche geht, ist ihm anscheinend egal.

Oma Gerda überlegt. Wie kann man sich am besten mit einem Hund anfreunden?

Tony ist ganz außer sich. Überall hat er gesucht. Foxi ist nicht mehr aufzufinden.

„Komm schnell rein, sonst reißt er aus!" Oma Gerda hilft Tony in ihre gute Stube, noch bevor Tony überhaupt zu Wort gekommen ist.

„Wer er?", Tony ist etwas verdattert.

„Na, ein kleiner Hund ...", Oma Gerda kann gar nicht ausreden.

„Foxi!", Tony rast förmlich in die Küche, wo man Geräusche hört.

„Foxi? – Das ist Foxi?" Oma Gerda ist genauso erstaunt.

„Ja, er ist mir vorhin ausgerissen", erzählt Tony.

„Und warum bist du dann zu mir gekommen?", Oma Gerda kann sich keinen Reim daraus machen.

„Ich kam mir komisch vor, Gott um Hilfe zu bitten und gleichzeitig zu wissen, dass ich vorher noch etwas in Ordnung bringen sollte." Tony wird leicht rot. „Dass ich gestern so unverschämt war, tut mir ehrlich leid. Und natürlich sag ich Felix sofort wegen Foxi ab!"

„Kommt gar nicht in die Tüte!" Oma Gerda schüttelt energisch den Kopf. „Foxi bleibt auf jeden Fall bei uns!"

„Danke!" Tony umarmt Oma Gerda stürmisch. „Ich wette, wir haben total viel Spaß zu dritt!"

„Worauf du dich verlassen kannst!" Oma Gerda hat noch nicht ausgesprochen, da ist Foxi schon mit einem eifrigen Satz an ihr hochgesprungen und hat an ihrer Strumpfhose eine lange Laufmasche hinterlassen.

... einander ertragend und euch gegenseitig vergebend, wenn einer Klage hat gegen den anderen; wie auch der Christus euch vergeben hat, so auch ihr.

Kolosser 3,13

Foxis Schlafplatz

Es ist der erste Abend. Also der erste Abend, an dem Foxi bei Oma Gerda zu Hause ist. Tony hatte sich sogar angeboten, bei Oma Gerda auf der Couch zu schlafen. Aber Oma Gerda hat sich dann doch ein bisschen geschämt. Zumal sie sich ja schon etwas mit Foxi angefreundet hatte.

Oma Gerda steigt in ihr Bett, gähnt und überlegt. Ja, Tony, Foxi und sie hatten heute einen echt schönen Tag miteinander verbracht. Zwar ein bisschen anders als sonst, aber schön. Foxi hat Tonys Schulranzen durchwühlt und wahre Schätze zutage befördert, er hatte sich tatsächlich eine frisch gebackene Waffel vom Teller gemopst und genau wie beim ersten Mal Spazierengehen Nachbars Katze gejagt. Irgendwie hat Oma Gerda ein bisschen Schadenfreude empfunden. Denn die Katze erledigt regelmäßig ihr Geschäft in ihrem Garten. Nicht schlecht, wenn Foxi ihr mal Beine macht.

Oma Gerda lauscht. Was ist denn das? Sie hört ein Jaulen vor ihrer Zimmertür? Foxi? Nach langem hin und her hat Oma Gerda ihm nämlich erlaubt, vor ihrer Schlafzimmertür Platz zu nehmen und dort zu schlafen. Oma Gerda schlägt ihre Bettdecke zurück und schlüpft in ihre roten Hausschuhe.

„Foxi", sie öffnet die Türe, sieht den kleinen Hund an und hebt den Zeigefinger. „Ich möchte, das du ..." Oma Gerda hält inne. Foxi hat seinen Kopf schief gelegt und sieht sie mitleidig an. Oder bildet sie sich das nur ein?

Oma Gerda überlegt kurz. Ob Foxi wohl Heimweh hat? Schließlich ist es seine erste Nacht woanders. „Also gut", entscheidet sie dann. „Weil du heute so brav die Katze gejagt hast", erklärt sie Foxi. Entschlossen nimmt sie sein Körbchen und zieht es in ihr Schlafzimmer. Schwanzwedelnd trippelt Foxi hinter Oma Gerda her. Dann schlüpft Oma Gerda wieder unter ihre Bettdecke und Foxi liegt zufrieden auf seiner Decke und brummt.

Tony lacht und klatscht in die Hände: „Er hat dich total ausgetrickst!"

„Hat er wirklich", gibt Oma Gerda zu. „Aber irgendwie habe ich mich ein bisschen gefreut. – Ich meine, so ein kleiner niedlicher Hund liegt ja nicht jeden Tag in meinem Bett."

„Und du bist nicht einmal wach geworden, als er zu dir ins Bett gesprungen ist?"

„Nee", Oma Gerda schüttelt den Kopf, „als ich morgens aufgewacht bin, habe ich etwas Weiches und Warmes an meinen Füßen gespürt. Mit meinen Zehen konnte ich sein Fell kraulen, und er hat sich ziemlich wohlgefühlt."

„Das glaub ich dir aufs Wort", Tony grinst wie ein Honigkuchenpferd.

„Und dann", Oma Gerda holt tief Luft. „Und dann", Oma Gerda stützt ihren Kopf in die Hand und sieht nachdenklich aus, „habe ich mich gefragt, ob ich so die Nähe vom Herrn Jesus suche, wie Foxi meine Nähe gesucht hat?"

„So wie Johannes, sein Jünger, an der Brust vom Herrn Jesus gelehnt hat", meint Tony sofort. „Gutes Beispiel", lobt Oma Gerda. „Johannes konnte an diesem Platz gut spüren, dass Jesus Christus ihn lieb hat. Und das nur, weil er so nahe bei ihm war. Die anderen Jünger saßen weiter weg. So gut spüren konnte das also nur Johannes."

„Klingt logisch", Tony nickt.

„Deshalb ist es schön, ganz nahe beim Heiland zu sein, man spürt, wie sehr man geliebt wird." Oma Gerda lehnt sich zurück. Und schwups, schon ist Foxi auf ihren Schoß gesprungen.

„Es sieht so aus, als ob Foxi total auf dich abfährt", jetzt lacht Tony. „Er spürt auch deine Liebe zu ihm!"

„Oder er spürt, dass er ein Stück Fleischwurst haben will." Oma Gerda droht spaßhaft mit dem Zeigefinger.

„Falsch Foxi! Die ist doch im Kühlschrank, nicht hier!", Tony schüttelt den Kopf.

„Neues Versteck, und Foxi kennt es schon." Oma Gerda lacht und holt einen kleinen Würfel Fleischwurst aus ihrer Schürzentasche.

Tony stibitzt ebenfalls ein Stück Wurst aus Oma Gerdas Tasche und hält es Foxi hin: „Ich hoffe die Wurst zum Abendbrot holst du gleich aus dem Kühlschrank!"

**Ich bin der gute Hirte;
und ich kenne die Meinen und
bin gekannt von den Meinen.**

Johannes 10,14

Oma Gerda ist keine echte Oma!

Tony schiebt die Gabel voll Gemüse in den Mund. „Sehr gut!" Er nickt anerkennend. Seine Augen funkeln dabei lustig.

„Ist das die Wahrheit?", bohrt Oma Gerda nach, „du weißt, man muss die Wahrheit sagen!"

„Ja, das weiß ich." Tony lässt die Gabel sinken. „Also", beginnt er wieder. „Ich esse das nur, weil du es gekocht hast, und weil du es gern hast, wenn ich sage, dass es geschmeckt hat!"

„Ja, das hab ich." Sie schmunzelt. „Aber du vergisst, dass ich weiß, dass du Gemüse nicht magst. Ich koche das nur, weil es gesund ist!"

„Wie liebenswürdig von dir! Tausend Dank!" Tony lacht und nimmt erneut eine Gabel voll Brokkoli.

„Wieso bist du eigentlich nicht verheiratet? Wo du doch so gut kochst!" Tony verschränkt die Arme vor der Brust. „Du bist nett, lieb, siehst gut aus, hast immer Zeit für andere, wie für mich! Wolltest du nie heiraten?"

Oma Gerda ist verblüfft über diese direkte Frage. Doch dann beschließt sie, ehrlich zu sein, schließlich hat sie Tony das ja gerade empfohlen.

„Doch! Ich wollte immer heiraten", erzählt sie nach einer kurzen Pause. „Zuerst war ich jung und da hat keiner gefragt, und dann war ich älter und dann waren alle anständigen Männer weg!" Sie grinst breit. „Fertig ist die Geschichte!"

„Schade, du wärst sicher eine Mutter und gute Oma geworden. Eine richtige Oma Gerda." Tony sagt den Namen fast ein bisschen bedächtig.

„Aber ich hab ja dich, und für mich bist du so was wie ein eigener Enkel." Oma Gerda streicht ihm liebevoll durch die Haare.

„Ja, du bist meine Oma", antwortet Tony. „Was ist denn für dich ein ‚anständiger Mann'? Du meinst groß und mit viel Muskeln und so?"

„Ich glaube, da habe ich mich etwas falsch ausgedrückt." Oma Gerda schiebt ihre Brille nach oben. „Mit anständig meine ich gläubig, ein Christ. Mit anständig meine ich auch, dass er gerne tun will, was in der Bibel steht. Dass wir an einem Strang ziehen sozusagen."

„Ach so." Jetzt versteht Tony. „Ist das denn wirklich so wichtig? – Man kann doch auch so ein gutes Ehepaar sein!"

„Im Neuen Testament hat Gott etwas Eindeutiges dazu gesagt: Seid nicht in einem ungleichen Joch mit Ungläubigen." Oma Gerda nimmt die Bibel zur Hand und schlägt den 2. Korintherbrief auf.

„Was ist ein Joch?" Tonys Gesicht ist ein einziges Fragezeichen.

„Ein Joch ist ein Zuggeschirr für Ochsen. Damit werden die Ochsen vor ein Gerät gespannt, was sie dann zusammen ziehen müssen."

„Was hat das dann mit Menschen zu tun?"

„Es ist ein Vergleich, und den kann man auch ganz einfach verstehen. Zum Beispiel bei mir. Da war ein junger Mann, ein ungläubiger. Den hab ich eigentlich ganz nett gefunden, und er mich glaube ich auch.

Stell dir jetzt vor, ich hätte ihn geheiratet. Kannst du dir denken, dass das direkt Probleme gegeben hätte? Ich wollte sonntags in die Gemeinde, er nicht. Bei der Kindererziehung hätten wir total andere Vorstellungen gehabt. Und so weiter und so weiter.

Mit Tieren, die in einem Joch sind, wurde früher gearbeitet. Es mussten gleichartige Tiere sein. Wenn du einen Ochsen und ein munteres Pferd zusammenspannen würdest, funktionierte das nicht. Sie passen im Körperbau und auch in ihrem Wesen überhaupt nicht zusammen. Der Ochse will vielleicht langsam geradeaus, das Pferd schnell nach links oder rechts. So könntest du niemals eine grade Bahn auf dem Feld pflügen. Der eine zieht den anderen weg. Je nachdem, wer der Stärkere ist."

„Das war aber sicher ganz schön schwer für dich, alleine zu bleiben", meint Tony.

„Ja, sicher! Aber es war gut, und ich habe es nie bereut! Im Gegenteil, ich bin froh darüber!" Ein Lächeln breitet sich über Oma Gerdas Gesicht aus.

„Wäre ich ein Mann, und wäre ich in deinem Alter, würde ich dich sofort heiraten!"

„Was für ein Kompliment", Oma Gerda grinst noch breiter.

„Wegen deines Gemüses", fügt Tony hinzu. „Das ist nämlich so unendlich gesund", flötet er.

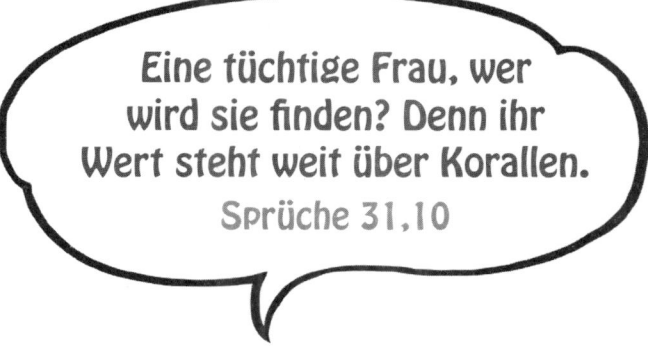

Eine tüchtige Frau, wer wird sie finden? Denn ihr Wert steht weit über Korallen.
Sprüche 31,10

Oma Gerda ist krank

Oma Gerda versucht, sich im Bett aufzusetzen, was ihr nur schwer gelingt. Sie hat einen schlimmen Husten, ihre Nase läuft und überhaupt fühlt sie sich richtig schlapp.

Tony ist soeben mit seinem Rollstuhl in die Küche gefahren und gießt kochendheißen Kamillentee auf. Dann kommt er mit einer Schale Kekse zurück ins Schlafzimmer gefahren. „Du musst dringend was essen", versucht er seine Patientin zu überreden. „Vom Fleisch fallen tue ich ja nicht gerade", Oma Gerda lacht, was in einem weiteren Hustenanfall endet.

„Aber du musst zu Kräften kommen!" Tony hebt sich mit einer geschickten Seitwärtsdrehung von seinem Rollstuhl auf Oma Gerda' s Bettkante. „Soll ich nicht lieber Dr. Brand anrufen? Dass er mal nach dir sieht? – Er kommt doch sogar zu dir nach Hause!"

„Nein", energisch schüttelt Oma Gerda den Kopf, „auf Besuch habe ich jetzt überhaupt keinen Nerv! Guck dich mal um, – wie es hier aussieht!"

„Dr. Brand guckt dich an", betont Tony, „nicht dein Drumherum!"

„Und dann ist er immer so streng mit mir", Oma Gerda nimmt jetzt doch einen Keks, um Tony zu überzeugen, dass sie auf dem Weg der Besserung ist.

„Streng? Streng sind doch eigentlich nur Eltern und Lehrer!" Tony muss lachen.

Als Oma Gerda den heißen Kamillentee getrunken hat, fallen ihr die Augen zu. Leise verlässt Tony das Schlafzimmer. Seine Blicke fallen auf den Kalender, den Oma Gerda in ihrem Wohnzimmer hängen hat. Dort ist immer ein großer Tagesvers aus der Bibel zu sehen. Tony reißt das Blatt ab, so wie es Oma Gerda sonst tut. „Rufe mich an am Tage der Not ...", liest er laut vor sich hin. Vielleicht ist damit der Arzt gemeint? Tony zögert. Kurz entschlossen

greift Tony zum Telefon. Gebetet hat er ja schon für Oma Gerda.

Keine halbe Stunde später öffnet Tony Dr. Brand die Haustür. „Danke, mein Junge", er streicht Tony über den Kopf. „Oma Gerda ist manchmal ein bisschen dickköpfig!" Er grinst. „Gut, dass du mich angerufen hast! Das war sehr klug von dir!"

„Als ich den Satz hier gelesen habe", Tony hält dem Arzt den Zettel unter die Nase, „dachte ich an Sie."

Jetzt muss Dr. Brand lachen. „Ich glaube, das steht in der Bibel, Tony. Du sollst Gott in der Not anrufen. Ich bin damit also sicher nicht gemeint. Ich stehe nicht in der Bibel, in so einem altmodischen Buch!"

„Das stimmt nicht ganz", Tony schüttelt den Kopf. „Wie meinst du das?"

„Oma Gerda sagt, jeder Mensch steht in der Bibel, weil jeder Mensch ein Sünder ist!"

Der Arzt hält für einen Moment inne. Schweigt! Dann betritt er ohne ein weiteres Wort das Schlafzimmer von Oma Gerda.

„Tony?", Oma Gerda hat die Augen immer noch geschlossen.

„Nein, kein Tony", Dr. Brand muss grinsen. „Ich bin es!"

„Wie kommen Sie denn ...", erschrocken fährt Oma Gerda in die Höhe. „Verlassen Sie bitte mein Haus. Ich habe noch gar nicht ..."

„Das habe ich nicht vor", unterbricht sie der Arzt und stellt seinen Koffer ab. „Zuerst will ich sehen, wie es meiner störrischen Patientin geht!"

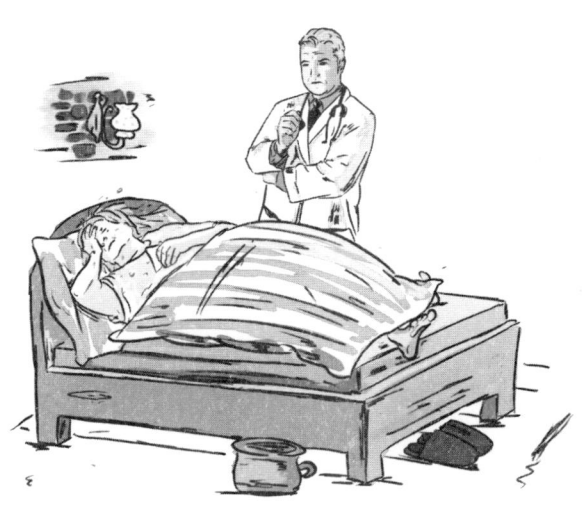

Jetzt wird Oma Gerda rot. Besonders deshalb, weil Tony die Worte des Arztes mithören kann.

Nachdem Dr. Brand Oma Gerda eingehend untersucht hat, scheint er zufrieden. „Sie haben eine dicke Erkältung. Viel trinken, dick einpacken und die Tabletten nehmen, die ich Ihnen hierlasse. In ein paar Tagen komme ich wieder und sehe nach Ihnen!"

„Nicht nötig, Herr Doktor, nicht nötig!", krächzt Oma Gerda ihm nach, so laut sie kann, so dass Tony kichern muss.

Zuerst ist Oma Gerda noch ein bisschen eingeschnappt, dass Tony den Arzt gerufen hat. Doch als er ihr von dem Gespräch erzählt, das er mit

Dr. Brand hatte, geht ein Lächeln über ihr Gesicht. „Junge, das hast du gut gemacht!", lobt sie. „Weißt du, dem Onkel Doktor tut es ab und zu ganz gut, die Wahrheit zu hören!"

„Wie dir, Oma Gerda!" Tony lacht. „Wie war das noch mit der störrischen Patientin?"

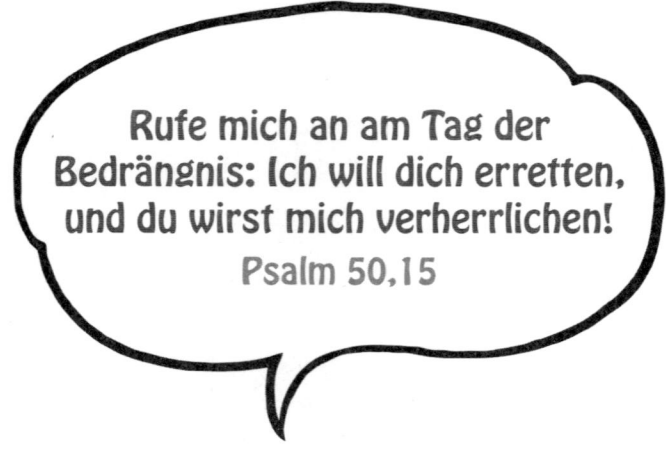

Rufe mich an am Tag der Bedrängnis: Ich will dich erretten, und du wirst mich verherrlichen!

Psalm 50,15

Oma Gerdas Fotoalbum

Tony schneidet eine Fratze und macht ein Selfie mit seinem Handy. Dann streckt er die Zunge raus und knipst sich wieder. Er macht ein Bild und schließt dabei ein Auge, dann verzieht er den Mund, hebt eine Augenbraue. Ein Bild nach dem anderen.

Oma Gerda sieht ihm dabei zu. „Was macht du hinterher damit?"

„Nix, – anschauen vielleicht, verschicken. Vielleicht auch wieder löschen." Tony zuckt mit den Schultern. „Pass mal auf, ich mach mal ein paar Bilder von dir", fällt ihm plötzlich ein.

„Wie soll ich denn aussehen?", Oma Gerda überlegt.

„Keine Ahnung, – witzig einfach", meint Tony. „Mach mal eine Grimasse!"

„Wie du mal ausgesehen hast", Tony lacht. Mittlerweile haben die beiden Oma Gerdas Fotoalbum auf dem Schoß. Bilder, wo Oma Gerda Baby war, Kind, in dem Alter wie Tony jetzt. Das findet Tony spannend.

Natürlich alles schwarz-weiß Bilder und ausgedruckt, alt und etwas wellig, so ganz anderes als digital auf einem Handy.

„Richtig urig", stellt Tony fest.

Aber eins haben Oma Gerdas Bilder fast alle, eine kurze Bemerkung am Rand. Eine Ortsangabe, ein Datum oder auch einen Satz daneben. Mal informativ, mal einfach nur etwas Lustiges.

„Wer hat sich denn diese viele Mühe gemacht?", will Tony schließlich wissen.

„Meine Mama", erzählt Oma Gerda. „Irgendwann, als ich dann älter war, hat sie es mir geschenkt."

„Ein Andenken also. Ein Andenken an frühere Zeiten und eins an deine Mama", schlussfolgert Tony.

„Erinnerung sind schön", meint Oma Gerda ein bisschen verträumt.

„Sie können aber auch mies sein", wirft Tony ein. „Als du zum Beispiel ..."

„Du hast miese Erinnerungen an mich?", Oma Gerda hebt schmunzelnd den Zeigefinger. „Genauer gesagt an den da, deinen Zeigefinger", Tony kichert und seine Augen funkeln spaßig.

„Erinnerungen können auch Mut machen, warnen, dankbar machen", zählt Oma Gerda auf. „In der Bibel gibt es auch Dinge, mit denen Gott uns etwas sagen will, an etwas erinnern will. Zum Beispiel?", will sie wissen.

Tony überlegt: „Ich denke als Erstes an den Regenbogen."

„Sehr gut", Oma Gerda nickt. „An was denkst du denn, wenn du ihn siehst?"

„Dass er schön aussieht." Tony grinst.

Oma Gerda muss lachen. „Stimmt!", meint sie dann prompt.

„Und dann bin ich natürlich dankbar, dass Gott nie mehr so ein Gericht wie die Sintflut über die Erde bringt und alle Menschen und Tiere sterben. Nur Noah und seine Familie wurden damals durch ihren Glauben an Gott gerettet."

„Warnen tut der Regenbogen auch, vor dem Bösen! Gott hat es sogar in ‚sein Herz geschmerzt‘, dass er den Menschen gemacht hatte!"

„Die Erinnerung an den Regenbogen macht uns Mut, mit Gott zu leben, so wie Noah", schließt Oma Gerda.

„Da können meine Selfies nicht mithalten", stellt Tony fest.

„Meine Fotos auch nicht", ist Oma Gerda sich sicher.

„Mein Selfie kann mich aber dankbar machen,
dass ich gut aussehe", findet Tony plötzlich.

„Wer findet denn, dass du gut aussiehst?", will
Oma Gerda lachend wissen.

„Na ich, – und Gott vielleicht auch, schließlich hat er mich doch so geschaffen, wie ich bin! Schwarze Haare, Segelohren, eine schmale Nase ....", erklärt Tony.

„Und einen großen Mund!", unterbricht Oma Gerda ihn grinsend.

Ich aber, ich habe auf deine Güte vertraut; mein Herz soll über deine Rettung frohlocken. Ich will dem HERRN singen, denn er hat wohlgetan an mir.

Psalm 13,6

Tony liebt Chaos

Oma Gerda legt die Zeitung beiseite und schiebt ihre Brille weiter nach oben. Dabei wirft sie andauernd einen Blick auf Tonys Machenschaften.

Seit mindestens guten zwei Minuten ist Tony dabei, in seinem Schulranzen etwas zu suchen. Doch Oma Gerda ist bisweilen nicht schlau daraus geworden, um was es sich eigentlich dreht.

Auch auf ihre wiederholte Frage hat Tony nicht geantwortet. Er ist viel zu sehr im Eifer des Gefechtes.

„Na toll", Tony lässt seinen Rucksack, den er ein Stück angehoben hat, auf den Boden sinken und seufzt. Er ist total genervt, das sieht Oma Gerda ihm schnell an.

„Kann ich dir helfen?", erkundigt sich Oma Gerda liebevoll. „Ich finde mein Biologieheft nicht mehr. Es ist nicht aufzutreiben. Und dummerweise sollen wir genau darauf Heftnoten bekommen. Es war wirklich überholungsbedürftig."

„Wenn du es nicht findest, kannst du auch keine schlechte Note bekommen", überlegt Oma Gerda, schlitzohrig, wie sie ist. „Falsch, Oma Gerda, ganz falsch", Tony schüttelte vehement den Kopf. „Kein Heft, und es gibt eine glatte ungenügend!"

„Aber du hast ein Heft?", hakt Oma Gerda sicherheitshalber nach.

Vor kurzem hat Oma Gerda Tonys ‚Allzweckblock' aufgespürt. Ein Block, der voll gespickt ist mit sämtlichen Fächern, querbeet.

Auch Zeichnungen und andere Dinge, die von Langeweile im Unterricht zeugen, kann man darin finden. Eben alles! Alles, außer separate Heftführung.

„Ja", Tony nickt. „Ein Heft habe ich schon, aber es ist nicht so ordentlich. Deshalb wollte ich da nochmal drüber gucken und ein paar Einträge nachholen."

Tonys Schulranzen liegt auf Oma Gerdas Küchentisch. Gemeinsam packen sie aus. Tonys Unmut ist verschwunden. Das Heft ist zwar immer noch nicht aufgetaucht, trotzdem ist das hier auch ganz spannend und lustig. Tony findet immer wieder neue Dinge, von denen er gar nicht mehr wusste, dass sie noch existieren.

„Das reinste Fundbüro", lacht Oma Gerda. Auch sie verrät immer wieder durch ihr Kichern, dass sie Spaß hat.

„Lass uns ein Spiel machen", schlägt Tony vor. „Zu jedem neuen Gegenstand aus meinem Rucksack suchen wir was aus der Bibel. Es muss nicht direkt dasselbe sein, aber irgendwie was miteinander zu tun haben. Bist du dabei?"

„Okay", Oma Gerda nickt. „Wer fängt an?"
„Du!"

„Also gut", Oma Gerda lacht und fischt eines von vielen Schulbüchern aus Tonys Rucksack. „Bei einem Buch denke ich natürlich sofort an das ‚Buch des Lebens des Lammes'. – Weißt du, was das ist?"

„Na klar. Das Buch des Lebens des Lammes ist Gottes Buch. Dort steht mein Name und auch deiner drin. Eben von allen Gläubigen der Name. Gott hat uns da selber eingetragen. Und zum Glück ist Gott ordentlich und nicht so wie ich. Dass man da drin steht ist das Wichtigste überhaupt."

„Sehr gut", Oma Gerda ist zufrieden mit Tonys Erklärung. „Jetzt du!", fordert sie ihn auf.

Tony kramt und kramt. „Nicht aussuchen", Oma Gerda hebt schmunzelnd den Zeigefinger. „Das ist gefuddelt!"

„Mein Lineal", Tony ist sichtlich erfreut von dem Fund. „Das habe ich schon lange gesucht."

„Ich höre", Oma Gerda sieht Tony an.

„Ganz einfach", fällt Tony ein. „Als Christen sollen wir den geraden Weg gehen. Nicht nach rechts oder links abweichen."

„Was riecht hier so?", Oma Gerda rümpft die Nase und holt eine Tüte aus Tonys Rucksack.

„Puh, das stinkt wirklich ekelig", Tony zieht sich sein Shirt über die Nase.

„Sieht nach einem verfaulten Apfel aus", Oma Gerda erhebt sich und entsorgt die Tüte postwendend im Müll.

„Ups, der ist von letzter Woche irgendwann. Hab ich wohl vergessen zu essen", gesteht Tony.

Oma Gerda schüttelt den Kopf: „Du bist und bleibst chaotisch!"

„Hast du eine Idee? Der Apfel war dein Fund", versucht Tony sofort abzulenken.

„Ich denke an das Manna bei den Israeliten. Manna war damals der „Brotersatz" für das Volk Israel. Es war fein und körnig und musste jeden Tag aufgelesen werden. Schien die Sonne darauf, dann schmolz es. Das heißt, trödeln ging nicht. Gott ließ es vom Himmel regnen und es bedeckte jeden Morgen wie eine Tauschicht das ganze Lager."

Tony ist beeindruckt. „Echt spannend, richtig spektakulär, wie Gott sein Volk versorgt hat", meint er. „Aber was hat das Manna mit meinem Apfel zu tun?"

„Ich denke an das gammelige Manna."

„Gammelig?" Tony zieht fragend die Augenbrauen hoch.

„Ja, die Israeliten sollten außer am Sabbat jeden Tag frisch sammeln. Wenn sie das Manna gegen Gottes Anweisung länger als einen Tag aufbewahrten, wurde es gammelig. Und hat sicher auch sehr gestunken. Wie dein Apfel."

„Mein Heft, mein Heft!", jubelt Tony und unterbricht Oma Gerdas weitere Ausführungen. „Wird auch mal Zeit! Viel ist in deinem Rucksack ja nicht mehr drin!"

„Zwar kein ungenügend, aber ein ausreichend ist schon gerechtfertigt", erfasst Oma Gerda mit einem kopfschüttelnden Blick. „Zerknickt und lauter Eselsohren!"

„Meine ganz persönliche Note", Tony grinst breit.

Oma Gerda lacht. „Da dein Rucksack jetzt so gut wie ausgeräumt ist, bringen wir ihn jetzt auf Vordermann. Denk daran, Gott ist nicht ein Gott der Unordnung."

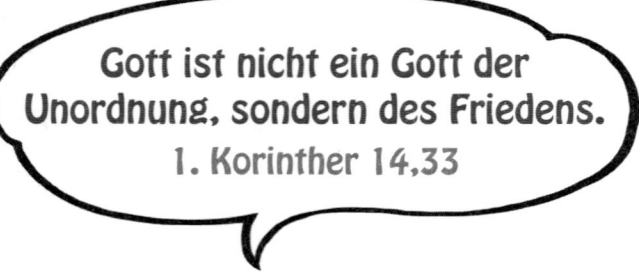

Gott ist nicht ein Gott der Unordnung, sondern des Friedens.
1. Korinther 14,33

Oma Gerdas Sprechstunde

Nur in Zeitlupentempo isst Tony zu Mittag. Bei Oma Gerda natürlich. Es gibt Reis, Salat und Oma Gerdas selbstgemachte Hackbällchen. Die mag Tony besonders gern. Oma Gerda hat so ein Händchen dafür. Hervorragend!

„Es schmeckt dir aber?", hakt Oma Gerda sicherheitshalber nach.

„Ja schon, alles gut." Tony nickt, sticht mit der Gabel in das Fleisch und hebt es vom Teller. Mit den Ellenbogen auf den Tisch gestützt beginnt er, an dem Hackfleischbällchen herumzunagen.

„Für so einen missmutigen Esser ist mein Essen eigentlich zu schade." Oma Gerda zieht Tony den Teller weg.

„Mir schmeckt es doch", beschwert sich Tony jetzt. „Das habe ich doch schon gesagt. Was willst du denn noch hören?!"

„Keine Ahnung, – sag du's mir?" Oma Gerda legt die Stirn in Falten.

„Dann lachst du mich aus!" Tony hat jetzt auch die Gabel beiseitegelegt und lehnt sich zurück.

„Habe ich dich jemals ausgelacht?", will Oma Gerda sofort wissen.

„Nein, eigentlich nie, aber ..." Tony zögert. „Ich bin mir sicher, du verstehst das nicht."

„Dafür musst du es ja erst einmal versuchen", Oma Gerda bleibt hartnäckig. Hartnäckig wie immer!

„So, bin fertig!" Tony greift kurz entschlossen den Teller und zieht ihn wieder zu sich hin. „Jetzt kannst du lachen!" „

Nö, hab gerade keine Lust drauf." Oma Gerda schüttelt den Kopf.

„Du findest es doch lächerlich, oder?", will Tony zögernd wissen.

„Nö", gibt Oma Gerda wieder kurz zurück.

„Ich irgendwie schon", Tony seufzt. „Also nicht, dass ich nicht mitmachen kann, sondern dass es mir überhaupt was ausmacht."

„So daneben zu sitzen, wenn andere Sport machen, während du nicht mitspielen kannst, das ist schon bitter."

„Aber nichts Neues", meint Tony und sieht auf seinen Rollstuhl. „Und eigentlich ein wirklich kleines Problem."

„Ob großes oder kleines Problem, mit Gott kannst du immer darüber sprechen. Wenn dich niemand versteht, er versteht dich! Und Sprechstunde hat er auch immer!"

„Ich fühle mich irgendwie als ein Außenseiter. Versteht du was ich meine?" Tony ist in Gedanken immer noch auf dem Sportplatz und kann Oma Gerda nicht recht folgen.

„Dann sprich mit jemandem, der auch Außenseiter ist – oder war, das hilft dir sicher", meint Oma Gerda und erhebt sich, um in die Küche zu gehen, denn ihr Kaffee ist fertig.

„Ich kenne niemanden", Tony zuckt mit den Schultern.

„Du hast doch Freunde, oder?"

„Ja", Tony stimmt zu. „Ein paar, und Carlo ist sogar ein wirklich guter Freund von mir. Felix sowieso."

„Ich kenne jemanden, der wurde von keinem Menschen verstanden und angenommen. Konnte nie sein Herz ausschütten, weil ihn niemand wirklich verstand, hatte keinen, der ihn mal tröstete oder dem er seine Probleme erzählen konnte."

„Hört sich schlimm an. Ein totaler Außenseiter! Und du meinst, ich sollte mich mit dem mal treffen? Da hab ich's doch gut dagegen. – Da schäme ich mich ja glatt", meint Tony jetzt.

„Deine Idee mit dem Treffen ist gut", Oma Gerda nickt.

„Weißt du denn, wo er wohnt?"

„Na klar."

„Und du meinst, er hat für mich Zeit?", will Tony weiter wissen.

„Ganz sicher."

„Du scheinst ihn aber wirklich gut zu kennen", Tony wird immer neugieriger.

„Tu ich. Sehr gut sogar!" Oma Gerda muss ein Grinsen verbergen, dass Tony immer noch nicht verstanden hat, wen sie eigentlich meint.

„Wo wohnt er denn genau?" Tony bohrt und bohrt.

„Nicht hier. Weiter weg", weicht Oma Gerda der Frage aus.

„Und woher kennst du ihn dann so gut?"

„Weil ich jeden Tag mit ihm spreche."

„Jeden Tag?": Tony ist baff. „Das gibt aber eine ganz schöne Telefonrechnung. Oder hast du eine Flatrate?"

„Die Verbindung ist kostenlos." Oma Gerda grinst jetzt doch.

„Du willst mich veräppeln." Tony kneift die Augen zusammen.

„Nein, ganz und gar nicht", wehrt Oma Gerda ab.

„Dann sag mir, wie der Jemand heißt!", fordert er.

„Er hat mir sogar viel geschrieben!" Oma Gerda hält Tony hin.

„Hast du einen heimlichen Freund?"

„Einen Freund schon, einen heimlichen aber nicht", jetzt lacht Oma Gerda. „Ich meine unseren Herrn und Retter, Jesus Christus."

„Dass ich da nicht längst drauf gekommen bin!" Tony schlägt sich gegen die Stirn und muss jetzt auch lachen.

„Ich schlage also vor, du sprichst mit deinem Chef persönlich und sagst ihm dein Problem, ganz offen", schlägt Oma Gerda vor.

„Dass der Herr Jesus mich so richtig versteht und mich nicht auslacht, das glaube ich auch", sinnt Tony.

„Dann los, worauf wartest du?", fordert Oma Gerda ihn auf.

„Was? Jetzt sofort?", will Tony wissen.

„Genau jetzt! Vorher gibt es kein Hackfleischbäll-chen zurück!" Oma Gerda nimmt Tonys Teller und verschwindet damit in der Küche. „Melde dich ein-fach, wenn du das geklärt hast."

Kommt her zu mir, alle ihr Mühseligen und Beladenen, und ich werde euch Ruhe geben.
Matthäus 11,28

Oma Gerda und der Dreck!

Tony schiebt den langen Besen vor sich her. Das hat er mittlerweile ganz gut drauf, obwohl er im Rollstuhl sitzt.

Da ist ganz schön was an Dreck zusammengekommen. Unter dem Tisch und bei der Terrassentür findet man immer was, das man wegkehren kann. Geschickt hebt Tony mit einem Fuß die Teppichkante an und fegt sein „Häufchen Dreck" zufrieden unter den Stoff. Zu, und weg ist der Schmutz!

Eine tolle Sache findet Tony. Bücken und Mülleimer, und alles, was dazu gehört, kann man sich so ganz geschickt sparen. Dass Oma Gerda so direkt hinter ihm steht und seine neue Kunst beobachtet hat, merkt Tony erst, als er kehrt machen will.

„Wenn du das öfter machst, stolpere ich bald über meinen Teppich." Oma Gerda grinst und schüttelt den Kopf.

„Das solltest du auch mal ausprobieren! Schwups unter den Teppich gekehrt, und weg ist alles! Sehr zeitsparend und total effektiv."

„Und ein super Nährboden für Silberfische. Die brauchen natürlich auch noch Feuchtigkeit", meint Oma Gerda.

„Hast du schon mal welche gesehen?", will Tony interessiert wissen.

„Na klar." Oma Gerda nickt. „Sie sehen eigentlich ganz niedlich aus."

„Das ist doch toll, dass sich noch jemand für deinen Dreck interessiert." Tony kichert.

„So, so", Oma Gerda droht spaßhaft mit dem Zeigefinger. „Für meinen Dreck? Und deiner?"

„Vielleicht ist ein ganz bisschen auch von mir", gibt Tony gönnerhaft zu und grinst immer noch.

Oma Gerda lässt sich auf das Sofa plumpsen, so dass es verdächtig kracht. Sie stützt den Kopf in die Hände und überlegt. „Vor Gott kann man nichts so einfach ‚unter den Teppich kehren', etwas vertuschen oder einfach zudecken, er lässt sich nichts vormachen. Vor Menschen schauspielern ist dagegen meist kein Problem!"

„Ich habe auch schon mal etwas verheimlicht vor meinen Eltern", denkt Tony laut.

„Und?"

„Ich hab mir echt Mühe gegeben, es zu vertuschen, aber irgendwie ist es dann doch raus gekommen", erzählt Tony.

„Kennst du den Mann aus der Bibel, der auch versucht hat, etwas zu vertuschen? Es steht im Alten Testament und es ging um Silber und um goldene Stangen." Oma Gerda sieht Tony fragend an.

„Ich weiß niemand." Tony zuckt mit den Schultern.

„Bei Josua und dem Volk Israel", gibt Oma Gerda Tony einen Tipp.

„Ja, der Mann hat alles unter seinem Zelt versteckt, so ähnlich wie ich den Dreck unter deinem Teppich", fällt Tony ein. „Aber wie er hieß, weiß ich nicht!"

„Achan", hilft ihm Oma Gerda. „Kein Mensch hat es entdeckt, aber Gott hat es gesehen."

Tony ist nachdenklich geworden. „Gott sieht mich und was ich tue. Aber da denke ich kaum dran."

„Wichtig ist, dass wir uns merken: Wir sollen keine schlimmen Geheimnisse haben! Und nicht versuchen, böse Dinge, die wir tun, zu verstecken", erklärt Oma Gerda und schiebt ihre Brille nach oben.

„Und wenn wir schon was Böses versteckt haben? Wie werden wir es denn dann wieder los?", fragt Tony.

„Gott bekennen und wenn es nötig ist auch Menschen", erklärt Oma Gerda.

Tony schweigt betreten. Ihm fallen da einige Dinge ein, die er dringend klären sollte.

> Wer seine Übertretungen verbirgt, wird kein Gelingen haben; wer sie aber bekennt und lässt, wird Barmherzigkeit erlangen.
>
> Sprüche 28,13

Oma Gerda und Tony backen

Oma und Tony sind heute ein eingespieltes Team: Sie backen.

Tony nascht viel und wirft dabei ab und zu einen Blick ins Backbuch. Oma Gerda knetet viel und nascht nur ab und zu.

„Wenn wir weiter so arbeiten, müssen wir den Backofen gar nicht mehr anstellen!", meint Tony und lacht.

„Mit ‚wir' meinst du sicherlich in erster Linie dich." Oma Gerda schmunzelt.

„Kann man eigentlich so was wie Probierer von Beruf werden?", überlegt Tony laut. „Das würde nämlich genau auf meine Fähigkeiten und Qualitäten zutreffen. – Ich habe einen ausgezeichneten Geschmackssinn und liebe Essen. Und ich weiß mir leicht zu helfen, mit Ketchup oder mit Zucker, falls was nicht schmeckt und ich nachwürzen muss. Ich kann angebracht Kritik äußern, aber auch was lobend erwähnen. Ich kann ..."

„Stopp, stopp!", bremst Oma Gerda Tonys Redeschwall. „Ansonsten rutsche ich gleich auf deinem Eigenlob aus. – Gib mir lieber mal das Mehl rüber. Und dann, lass wirklich mal das Naschen, wir wollten die Plätzchen nämlich an die Alten und Kranken im Dorf verteilen. Von zu vielem rohen Teig kann man auch Bauchweh bekommen."

„Robust bin ich auch noch, einen Vorteil, den man als Probierer sicher braucht, ich bekomme nämlich nie Bauchweh von rohem Teig."

„Nimm dir das Backbuch und backe auch ein paar Plätzchen, anstatt nur zu reden", schlägt Oma Gerda einfach vor.

Sie hat noch nicht ausgesprochen, da hat Tony sich schon das Backbuch vom Tisch geschnappt. So, als hätte er nur auf eine Aufforderung gewartet. „Ich backe am Esstisch!"

„Prima, ich probiere dann gleich mal, ob dein Teig auch so gut schmeckt", sagt Oma Gerda.

Tony ist mit Eifer bei der Sache. Zuerst rührt er die Butter mit dem Mixer, dann kommen die Eier und der Zucker dazu.

„Dass backen so viel Spaß macht!", staunt Tony. „Es ist überhaupt wie auf einer richtigen Baustelle im Matsch."

„Ich sehe die Baustelle", Oma

Gerda wirft einen Blick über den Tisch, von dem sie zum Glück vorher die Tischdecke entfernt hat. Tonys Rollstuhl steht auf mittlerweile staubigen, weißen Fliesen. Wenn Oma Gerda Zutaten für Tonis Teig bringt, knirscht es unter ihren Hausschuhen.

Tony grinst: „Glaub mir, der Zucker liegt nicht nur auf dem Boden, die Plätzchen haben auch etwas abbekommen – und sind süß genug."

„Zu wenig süß kann ich mir bei dir auch schlecht vorstellen!" Oma Gerda fettet die ersten Backbleche ein.

„Ich hab schon probiert", verkündet Tony, „nach jeder Zutat. Alles passt!"

Längst sind alle Plätzchen von Oma Gerda und Tony im Backofen. Eine bunte Mischung. Zu guter Letzt verzieren sie die beiden mit geschmolzener Schokolade und Puderzucker.

„Morgen verteilen wir unser Machwerk!"

Oma Gerdas Augen glänzen.

„Meinst du, der Herr Jesus notiert auch so was als ‚gutes Werk'?", will Tony wissen.

„Wenn du es für ihn tust." Oma Gerda nickt.

„Kann man denn Plätzchen-backen für den Herrn Jesus tun?" Tony runzelt die Stirn.

„Na klar", antwortet Oma Gerda und wischt ihre Hände an der Schürze ab. „Vielleicht haben wir beim Verteilen sogar die Gelegenheit, dem einen oder anderen was vom Herrn Jesus zu erzählen."

„Stimmt." Tony findet das einleuchtend. „Wir haben doch so schöne Flyer, die man weitergeben kann."

„Die Idee ist gut. Zusammen mit den Keksen werden sie viel besser angenommen und vielleicht eher gelesen", findet Oma Gerda.

Beide sind plötzlich voller Tatendrang. Die Sache hat Tony angesteckt. Oma Gerdas Funke ist auf ihn übergesprungen.

„Du wolltest den Alten und Kranken im Dorf was bringen?", vergewissert Tony sich und sieht Oma Gerda prüfend an.

„Ja? Wieso?", Oma Gerda ist über das Nachfragen verblüfft. „Vielleicht können wir morgen zu den alten Leuten gehen, und einen anderen Tag besuchst du dann alleine die Kranken", schlägt Tony vor.

„Warum? Willst du nicht mit?", Oma Gerda steht auf der Leitung.

„Ich muss ja zu Hause sein, wenn du mich besuchst, ich bin nämlich auch krank." Tony sieht Oma Gerda an.

„Willst du wirklich von mir besucht werden, oder geht es dir eher um die Plätzchen?" Oma Gerda droht spaßhaft mit dem Zeigefinger.

„Na ja, vielleicht braucht jemand anderes dringender deinen Besuch, aber die Plätzchen die nehme ich gerne." Tony lacht.

„Was meinst du", Oma Gerda sieht auf die Kekse. „Schmecken die mit Schokolade besser oder die mit Puderzucker?"

„Da hilft nur probieren!" Zeitgleich haben die beiden den glänzenden Einfall und zeitgleich greifen sie zu dem gut riechenden Gebäck.

„Das andere müssen wir auch probieren, sonst haben wir keinen Vergleich", fällt Tony eine neue Ausrede ein.

„Stimmt", das findet Oma Gerda auch.

Tony beißt Stück für Stück ab: „Merk dir gut: Mir brauchst du nur die Schokoladenkekse in mein ‚Krankentütchen' zu packen, die sind eindeutig besser."

„Und mir schmecken die mit dem Puderzucker besser, das musst du dir merken, denn schließlich gehöre ich ja zu den alten Leuten im Dorf!" Oma Gerda grinst verschmitzt.

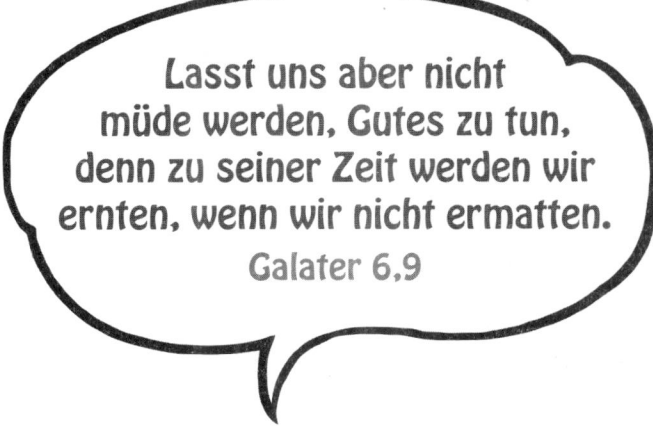

Lasst uns aber nicht müde werden, Gutes zu tun, denn zu seiner Zeit werden wir ernten, wenn wir nicht ermatten.

Galater 6,9

Oma Gerda und Tony
feiern Silvester

Oma Gerda und Tony stehen draußen und sehen dem bunten Treiben zu. Sie haben ihre dicksten Jacken an, denn es ist ziemlich kalt.

Ein Feuerwerk jagt das andere. Es knallt, es zischt und heult um sie herum. Und der sternenklare Nachthimmel leuchtet ein um das andere mal bunt auf. Das sieht wunderschön aus.

Silvester eben. Für welches Kind ist das nicht ein besonderer Tag?

„Ich finde es schön, dass die anderen Leute das Geld für uns ausgeben", grinst Tony, „wir können in Ruhe zugucken und haben viel mehr davon."

„Stimmt", Oma Gerda nickt. „Und was wünschst du dir im neuen Jahr?", will sie jetzt von Tony wissen.

„Ich wünsche mir einen neuen Basketball, einen kleinen Hund und ..."

Tony kann nicht weiter reden, denn Oma Gerda unterbricht ihn. „Stopp, Stopp! Weihnachten ist schon rum! Ich rede nicht von Geschenken, sondern was du dir vielleicht von deinem Leben wünschst, einfach etwas, was nicht materiell ist. Verstehst du, was ich meine?"

Tony überlegt eine Weile. „Ich würde mir wünschen, dass wir in diesem Jahr in den Himmel kommen!"

Oma Gerda ist für den ersten Moment überrascht. „Ich bin echt gespannt darauf, wie das funktioniert", redet Tony weiter. „Schwups, und auf einmal holt uns der Herr Jesus. Das muss toll sein!"

„Das glaube ich auch", meint jetzt Oma Gerda. „Dein Wunsch für kommendes Jahr gefällt mir sehr gut. – Wenn ich so drüber nachdenke, ist das auch mein Hauptwunsch."

„Hauptwunsch?", Tony sieht Oma Gerda an. „Das heißt, du hast noch mehr Wünsche?"

„Natürlich", Oma Gerda nickt.

„Die da wären?", will Tony wissen.

„Dass es dir gut geht." Oma Gerda wickelt ihren Schal fester um ihren Hals.

„Mir? – Ich denke dir!" Tony ist ein bisschen verwirrt.

„Auch. – Aber erstmal dir", bekräftigt Oma Gerda ihre Aussage.

Tony schweigt. Dass Oma Gerda ihn sehr lieb hat, weiß er. Und Tony nimmt ihr sogar ab, dass sie ihn so liebt wie „ihre eigene Seele". Vielleicht ein bisschen so wie Jonathan David. Tony nimmt Oma Gerdas alte, faltige Hand und drückt sie fest.

„Immer um diese Jahreszeit muss ich daran denken, wie du damals ins Krankenhaus gekommen bist und mich genervt hast." Tony schmunzelt leicht. „Aber dann bin ich auch froh um deine Beharrlichkeit. Nur deshalb bin ich ein Kind Gottes geworden. Und ich weiß, obwohl ich behindert bin und in einem Rollstuhl sitze, habe ich es viel besser als die ganzen Kinder und Jugendlichen um mich herum, die den Herrn Jesus nicht kennen. Deshalb bin ich Gott dankbar, dass alles so gekommen ist."

„Das heißt auch", Oma Gerda denkt weiter, „dass unser gemeinsamer Vorsatz fürs Neue Jahr ist, vielen Menschen vom Herrn Jesus zu erzählen! Damit es mehr Menschen ‚besser haben'!"

Tony nickt: „Ja, prima, da will ich mitmachen!"

„Frohes Neues", lallt ein Mann, der auf der anderen Straßenseite schlendert und einen leicht angetrunken Zustand offenbart.

„Oh, lass uns reingehen und auch etwas von dem Punsch probieren", fällt Tony plötzlich ein.

„Kinderpunsch, ohne Alkohol", betont Oma Gerda. „Merk dir eins, Alkohol macht dumm." Oma Gerda hebt die Augenbraue.

„Und was passiert, wenn ich schon dumm bin?" Tony grinst breit.

„Ganz einfach – dann würdest du noch dümmer werden." Oma Gerda schmunzelt verschmitzt.

„Dumm, dümmer am dümmsten!"

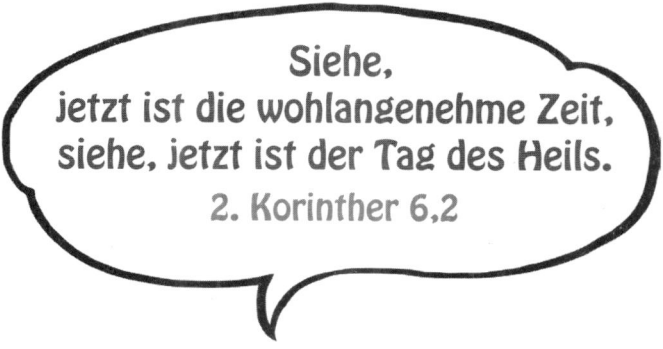

Siehe,
jetzt ist die wohlangenehme Zeit,
siehe, jetzt ist der Tag des Heils.
2. Korinther 6,2

Oma Gerda wird überrascht

Oma Gerda sieht auf die Uhr. Tony ist schon eine Viertelstunde zu spät, und das, obwohl sie sich heute besonders auf ihn gefreut hat.

Oma Gerda zupft die Tischdecke zurecht, sieht erneut auf ihre Armbanduhr und überprüft, ob sie auch wirklich mit der Funkuhr in der Küche übereinstimmt.

Endlich! Es klingelt an ihrer Hautür. Eilig und so schnell sie ihre Beine tragen läuft Oma Gerda in den Flur und öffnet die Haustür. „Tony", Oma Gerda strahlt. Über keinen Besucher freut Oma Gerda sich mehr als über „ihren Tony".

„Herzlichen Glückwunsch zu deinem 84.ten Geburtstag. Ich wünsche dir Gottes Segen und viel Gesundheit!" Tony strahlt ebenfalls über sein ganzes Gesicht.

„Danke, ich hab dich schon erwartet!"

Oma Gerda macht Platz, so dass Tony mit seinem Rollstuhl in den Flur fahren kann.

„Ich musste zuerst noch dein Geburtstagsgeschenk zu Hause holen."

„Ein Geschenk? Da bin ich aber gespannt", Oma Gerda ist jetzt wirklich neugierig geworden.

„Mir ist allerdings mit deinem Geschenk ein kleines Missgeschick passiert", gesteht Tony. „Aber ich kann das wieder hinkriegen, ich brauche nur einen Kochtopf und deine Küche für fünf Minuten."

„Jetzt spannst du mich aber wirklich auf die Folter!" Oma Gerda legt den Kopf schief.

Tony fährt in die Küche und zieht die Tür hinter sich zu, um sicherzugehen, dass Oma Gerda auch nichts sehen kann.

Oma Gerda lauscht und legt den Kopf an die Tür. Sie hört, dass Tony Wasser in ihren Kochtopf laufen lässt. Das Klicken vom Anstellen des Herdes kann sie auch identifizieren. Was Tony wohl vorhat? Oma Gerda überlegt und überlegt, aber ihr fällt absolut nichts Passendes ein, womit sie die Laute aus der Küche in Verbindung bringen kann.

„Lahme Geschichte hier – nun werde endlich weich!", kann Oma Gerda Tonys leise Selbstgespräche hören. Und dann: „Au, das war heiß!"

„Brauchst du Hilfe?", will Oma Gerda sofort wissen, die Türklinke in der Hand.

„Lauschst du etwa?", fragt Tony strafend.

„Ich und lauschen?", flötet Oma Gerda unschuldig.

„Also lauschst du. Ich kenn dich doch", schlussfolgert Tony.

Dann endlich öffnet sich die Küchentür wieder. Triumphierend rollt Tony ins Wohnzimmer. Auf seinem Schoß liegt Oma Gerdas Küchentuch fein säuberlich gefaltet.

„Dein Geschenk, nimm es schnell!" Tony kann sein Geschenk nicht schnell genug loswerden.

„Jetzt hast du es aber eilig." Oma Gerda nimmt Tony das flache Päckchen ab und lässt es im gleichen Moment wieder auf den Küchentisch fallen. „Autsch!"

Tony kichert.

„Dass du mich an meinem Geburtstag verbrennen willst ..." Oma Gerda faltete das Tuch eilig auseinander. Sie ist zu gespannt. „Ein Handwärmer Herz. Wie lieb von dir." Oma Gerda ist jetzt ganz gerührt.

„Für deine kalten Hände im Winter", erklärt Tony.

„Dass du daran gedacht hast, einfach toll!" Oma Gerda ist hin und weg. „Herzlichen Dank!" Tony bekommt dafür sogar einen Schmatz von Oma Gerda auf die Wange.

„Das Herz ist symbolisch", erklärt Tony schmunzelnd.

„Ach so?", Oma Gerda hebt die Stirn.

„Ich hab dich nämlich sehr lieb", flüstert Tony Oma Gerda ins Ohr. „Daran kannst du immer denken, wenn du es benutzt."

Oma Gerda hat das Handwärmer-Herz in ihren Schoß gelegt. „Es ist immer noch ganz warm", sie legt ihre Hand darauf. „Genau wie das heiße Herz frisch aus dem Kochtopf, soll auch unser Herz für den Herrn Jesus brennen."

„Also, mein Herz ist bestimmt nicht immer so warm", findet Tony.

„Du darfst nicht vergessen, ab und zu die Herd-platte anzustellen, sprich: direkt an der Quelle die Wärme abholen. Aus der Bibel lesen, beten, mit dem Heiland sprechen wie mit einem guten Freund.

Bleibt man nahe beim Herrn Jesus, dann verliert man auch nicht die Wärme. Man kann sie dann so-gar an andere weitergeben. Vielleicht spüren an-dere auch die Wärme ohne Worte in dem, was wir tun oder auch lassen."

„Das klingt total logisch!" Tony ist erstaunt, dass es so einfach ist.

„Wirklich ein sehr schönes Geschenk", lobt Oma Gerda wieder. „Und total vielseitig! Es erinnert mich daran, dass du mich lieb hast", neckt Oma Gerda Tony. „Es macht natürlich meine Hände warm. Aber es lässt mich auch daran denken, dass mein Herz für meinen Retter brennen soll."

„Und das alles für einen Preis", stellt Tony fest. „Ich bin ein echter Geschäftsmann."

„Ein Geschäftsmann denkt daran, das Preisschild abzumachen, bevor man es verschenkt." Oma Ger-da reißt das bereits aufgelöste Papierstück vom Handwärmer-Herz.

Du sollst den Herrn, deinen Gott, lieben aus deinem ganzen Herzen.
Lukas 10,27

P.S.: Rückspiegel

Tony ist ein fröhlicher Junge. Mit seinen 9 Jahren und seinen pechschwarzen Haaren hat er sich sehr schnell als Liebling bei jedermann entwickelt.

Heute, am Heiligabend fahren sie in die Kirche. Es wird gesungen und ein geselliger Nachmittag steht bevor. Tony gähnt. Das wird sicherlich eine langweilige Sache. Zum Glück gehen sie nur sehr selten in die Kirche. An Weihnachten und an Ostern.

Wichtig ist, dass der Pfarrer eine kurze Ansprache hält und dass Tony schnell wieder nach Hause kommt, denn dann gibt es Geschenke. Tony ist schon sehr gespannt darauf, was er von seinen Eltern geschenkt bekommt. Ein bisschen ahnt er es ja schon. Er hat nämlich durch die Tür gelugt, die einen Spalt offen stand, als Mama dabei war, die Geschenke, die großen und kleinen, einzupacken. Aber ein Geschenk, das große, konnte Mama sehr schlecht in Geschenkpapier wickeln. Ein nagelneues richtiges knatschgrünes Mountainbike.

„Es schneit!", jubelt Tony, der sich inzwischen vom Gurt befreit hat, um dem Schneetreiben besser zuschauen zu können.

„Schnallst du dich bitte wieder an!" Justus, Tonys Vater, dreht sich zu seinem Sohn um.

„Wir sind doch gleich da." Tony überhört die Ermahnung seines Vaters einfach. „Wie dick die Flocken sind", staunt er. „Wenn das so weiter geht, haben wir weiße Weihnachten und alles ...

Oma Gerda sitzt frohgemut in ihrem Auto. Der Besuch, den sie gerade gemacht hat, hat sie auch selber richtig aufgeheitert. Sie selber feiert kein

Weihnachten. Auch wenn es für sie eine Gelegenheit ist, wieder erneut daran zu denken, dass Gott seinen Sohn auf diese Erde gesandt hat. Oma Gerda freut sich auf ihren warmen Tee, ihren Sessel und das Feuer, das im Ofen knistert. Dann ist es gemütlich. Und Oma Gerda liest dann in ihrer Bibel die Geschichte von der Geburt Jesus.

Oma Gerda schaltet in den nächsten Gang und sieht besorgt aus dem Fenster. Dass es jetzt auch noch anfangen muss zu schneien. Sie drosselt ihr Tempo. Denn obwohl sie eine alte Frau ist, fährt sie mit ihrer Ente meist recht zügig. Sie liebt das laute Motorengeräusch, wenn sie beschleunigt und sie liebt es, wenn sich ihr altes Auto in den Kurven sanft zur Seite neigt.

Doch was ist das? – Oma Gerda tritt in die Bremse. So fest, dass ihr Fahrzeug seitlich ausbricht. Oma Gerda wird blass. „Herr Jesus", flüstert sie mit zittriger Stimme und stellt geistesgegenwärtig die Warnblinkanlage ihres alten Autos an. „Bitte hilf du jetzt!"

Mit schlottrigen Knien steigt sie aus ihrem Auto. Ihr Blick ist nur auf die andere Straßenseite gerichtet. Da, wo ein roter Wagen an der hohen Tanne „klebt". Den Spuren nach zu urteilen, ist das Auto ins Rutschen gekommen und von der Straße in den Graben geschleudert worden. Es sieht verheerend aus. Die Hintertür ist nicht mehr als solche zu erkennen, da, wo das Auto auf den Baum getroffen ist. Und das Schlimmste, es herrscht eisige Ruhe. So, als ob es eine endgültige Ruhe wäre.

Vorsichtig tritt Oma Gerda an die Fahrertür. Die Airbags des Wagens sind aktiviert. Der Fahrer, ein Mann um die vierzig öffnet die Augen, als Oma Gerda gegen die Scheibe klopft. Eine Blutspur ist von seiner Stirn bis zum Auge zu sehen.

Die Frau auf der Beifahrerseite erwacht gerade aus ihrer Ohnmacht und macht einen völlig verstörten Eindruck. Immer wieder versucht sie sich umzudrehen, denn auf der Rückbank – Oma Gerda wischt den Schnee von der Autoscheibe. Ja, auf der Rückbank sitzt noch jemand. Ein Junge, Oma Gerda schätzt ihn um die zehn Jahre.

So sehr die Frau auch den Namen des Jungen ruft – keine Reaktion.

Definitiv hat die Hinterseite des Autos am meisten abbekommen. Ob der Junge tot ist?

Oma Gerda hat längst den Notruf gewählt und das Warndreieck aufgestellt. Dem Mann aus dem Wagen geholfen und die Platzwunde mit ihrem Erste Hilfe Kasten versorgt. Oma Gerda hat der zierlichen Frau eine Decke übergelegt und sie in die Arme genommen. Oma Gerda hat mit den Eltern gewartet. Oma Gerda hat mit gehofft und mitgebetet, denn der Junge, dessen Namen die fremde Frau immer und immer wieder schluchzt, ist eingeklemmt ...

Oma Gerda ist zu Hause. Doch gemütlich in ihrem Sessel sitzen kann sie nicht. Sie ist total aufgewühlt. Der Unfall, die Eltern, nein Tony, der Junge, lässt sie nicht los. Die Feuerwehr hat Tony schließlich aus dem Auto geholt, nachdem sie die verklemmte Türe aufgeschnitten hatten.

Doch dann hatte Tony das Bewusstsein wieder erlangt und panisch festgestellt, dass er seine Beine nicht mehr spürte.

Tony liegt in seinem Bett, im Krankenhaus. Sein Zimmer ist weihnachtlich geschmückt und im Flur irgendwo laufen Weihnachtslieder. Doch seine Stimmung ist kein bisschen fröhlich am zweiten Weihnachtstag. Er fühlt sich so leer, so einsam und das, obwohl seine Eltern andauernd da sind.

Wenn er fragt, warum er seine Beine immer noch nicht spürt, heißt es einfach nur: „abwarten". Geduld haben. Und dann wird vielleicht alles wieder gut. Vielleicht, – vielleicht eben auch nicht.

Tony ist direkt operiert worden, weil Nerven eingeklemmt waren. Irgendwo in seinem Rücken ist eine Platte eingesetzt worden, mit der Hoffnung, dass sich die Nerven erholen und Tony doch wieder seine Beine spüren und bewegen kann.

Manchmal sieht Tony auf die Uhr, zählt die Minuten und klopft mit seiner Hand auf seinen Beinen herum, um zu überprüfen, ob er vielleicht jetzt wieder gesund ist. Ob er es nur verpasst hat? Aber nichts passiert.

Und dann wünscht Tony sich, dass er einfach nur tot wäre. Dass sein Vater einfach nur schneller gegen den Baum gerutscht wäre, dass die Feuerwehr ihn einfach leblos aus dem Auto gezogen hätte.

Eine alte Frau geht durch die Eingangstür des Klinikums, es ist niemand anders als Oma Gerda. Sie ist fest entschlossen, den Jungen zu besuchen, der vor ein paar Tagen bei dem schweren Autounfall so schlimm verletzt wurde und für den sie in den letzten Tagen so oft gebetet hat.

In der einen Hand hält sie ihre Handtasche und in der anderen hat sie eine kleine Tasche. Die soll für Tony sein.

„Tony möchte keinen Besuch." Oma Gerda trifft Tonys Mama auf dem Flur der Station an. „Er hat mich und meinen Mann einfach weggeschickt. Tony ist so unglücklich wie noch nie in seinem Leben."

„Seine Beine?", forscht Oma Gerda vorsichtig nach.

„Wenn kein Wunder mehr geschieht, bleibt er gelähmt", murmelt Tonys Mama.

„Das tut mir leid. Kann ich es trotzdem mit meinem Besuch probieren, bitte", Oma Gerda hebt kurz die kleine Tüte an, um zu zeigen, dass es sich um ein Geschenk für Tony handelt.

„Sie haben uns das Leben gerettet. Versuchen Sie jetzt auch Ihr Glück. Aber seien Sie nicht zu enttäuscht! Zimmernummer 2."

„Danke." Oma Gerda nickt.

„Ich hab euch doch gesagt, dass ich keinen Bock auf euch habe", hört Oma Gerda eine Jungenstimme, die unter der Bettdecke hervorkommt. Zu sehen ist niemand.

Oma Gerda muss grinsen. Wie oft hat sie sich als Kind unter der Bettdecke versteckt, wenn sie einfach nur alleine sein wollte. „Ich bin nicht deine Eltern", gibt Oma Gerda einfach zurück.

„Was denn, der verspätete Weihnachtsmann?", stöhnt Tony genervt, ist aber dann doch zu neugierig und lugt unter der Decke hervor.

„Ich bin zwar genauso dick, aber eine Frau." Oma Gerda schmunzelt.

Unter der Bettdecke kann man ein Kichern hören.

„Aber ein Geschenk hast du schon!" Jetzt kommt Tony Stück für Stück unter seiner Verschanzung hervor. „Stopp, Stopp!" Oma Gerda schüttelt den Kopf und stellt das kleine Tütchen auf den Nachtschrank. „Dein Geschenk kriegst du erst, wenn ich dich besuchen darf!"

Tony sieht Oma Gerda mit zusammengekniffenen Augen an. Dass es die Oma vom Unfall war, das weiß er noch. Aber was will die alte Frau jetzt von ihm? Sie scheint lustig zu sein.

„Also gut", Tony nickt, „wenn's nicht zu lange wird."

„Ne halbe Stunde." Oma Gerda tippt auf ihrer Armbanduhr.

„Das halte ich noch aus." Tonys Lippen umspielt ein Lächeln. Die Frau ist irgendwie so anders, das macht sie interessant.

„Jeden Tag", fügt Oma Gerda einfach hinzu.

„Jeden Tag? Ich weiß nicht ..." Jetzt ist Tony doch baff.

„Also, was jetzt?", fordert Oma Gerda.

Tony sieht zu dem kleinen Tütchen auf seinem Nachtschrank und dann wieder zu Oma Gerda. Unschlüssig bläst er die Wangen auf. „Und wenn du mir mit der Zeit auf die Nerven gehst?", will er von Oma Gerda wissen.

„Dann musst du's halt aushalten. Den Rest des Tages kannst du dich ja hier ausruhen." Oma Gerda zuckt unbekümmert mit den Schultern.

Tony muss lachen. Irgendwie gefällt ihm die Art der alten Frau. Endlich mal keine Mitleidsschiene!

„Abgemacht!" Tony nickt. „Krieg ich jetzt dein Geschenk?"

„Du bist ja ganz schön gierig!" Oma Gerda reicht Tony das Tütchen vom Nachtschränkchen.

Tony packt aus. Ein Buch, ein LKW-Quartett und Gummibärchen. Auf den Gummibärchen klebt ein Zettel mit „Abo".

„Was heißt das?", will Tony wissen.

„Na, wenn die leer sind, kriegst du automatisch neue geliefert", erklärt Oma Gerda.

„Ich les aber nicht so gerne." Tony dreht das Buch unschlüssig in den Händen.

„Ich les dir jeden Tag eine Geschichte daraus vor", verspricht Oma Gerda.

„Die Kinderbibel", buchstabiert Tony die Worte auf dem Pappdeckel. Er legt das Buch ein Stück zur Seite. „Das wird langweilig."

„Du kennst die Bibel doch gar nicht", behauptet Oma Gerda und sieht Tony an.

„Jawohl", entrüstet Tony sich sofort.

„Na schön, dann ein paar Probefragen", Oma Gerda überlegt kurz. „Wie hieß die Mutter von Jesus?"

„Maria, das weiß doch jedes Kind", kommt es wie aus der Pistole geschossen.

„Prima!", lobt Oma Gerda. „Weißt du auch, wo Jesus geboren ist?"

„Im Stall, in einer Krippe. Zwischen vielen Tieren. Es war warm und gemütlich", erzählt Tony. „Wir haben das mal in der Kirche nachgespielt. Ich wäre auch gerne so ,weihnachtlich' geboren."

„So harmonisch, wie du das erzählst, war es aber nicht." Oma Gerda schüttelt den Kopf. „Von einem angenehmen Stall steht auch nix in der Bibel. Nur von einer Krippe, und die kann auch draußen gewesen sein. Es war kein Platz in der Herberge für Maria, Josef und das Baby Jesus. Niemand wollte sie haben, das war schlimm. Es war ein bisschen, man kann schon sagen, grausam. Kein schönes Weihnachten, so wie Weihnachten auch für dich nicht schön war."

Oma Gerda ist wieder nach Hause gegangen, und Tony ist irgendwie gar nicht mehr so schlecht gelaunt. Obwohl Oma Gerda schon alt ist, ist sie ganz schön cool drauf, keine Frage.

Und sie haben auch länger geplaudert als eine halbe Stunde. Und dann hat Tony sogar eine Hausaufgabe bekommen, im Krankenhaus. Ob er die wirklich macht, weiß er noch nicht. Er soll die Geschichte von der Geburt Jesus in der Kinderbibel lesen. Oma Gerda will ihm morgen Fragen stellen. Kann er sie beantworten, hat sie eine Überraschung für ihn.

Tony erwartet Oma Gerda jeden Tag sehnsüchtig. Endlich Abwechslung und endlich Oma Gerda eben. Irgendwie ist eine richtige Freundschaft zwischen ihnen gewachsen. Eine Freundschaft zwischen einem Jungen und einer alten Frau. Eine Freundschaft zwischen einem Behinderten und einem Gesunden.

Jeden Tag liest Oma Gerda aus der Kinderbibel vor und Tony lernt Jesus immer besser kennen. Dass die Bibel so spannend ist, auch für Kinder, das hätte er nie gedacht.

„Ich hätte gerne zu dieser Zeit gelebt", überlegt Tony. „Ich bin mir sicher, Jesus hätte mich wieder gesund gemacht."

Oma Gerda nickt und ihre Blicke wandern zu Tonys blauem Rollstuhl, der seit ein paar Tagen in seinem Zimmer steht.

„Viel wichtiger als gesund machen ist dem Herrn, damals wie heute, dass er dir die Sünden vergeben kann. Bei dem Gelähmten, den die Freunde durchs Dach ließen, hat der Herr Jesus sich auch zuerst um das Sündenproblem gekümmert. – Dafür ist er auf diese Erde gekommen und am Kreuz gestorben."

Heute sind Oma Gerda und Tony auf dem Weg in die Cafeteria. Tony in seinem neuen Gefährt und Oma Gerda zu Fuß.

„Dann such dir mal ein großes Stück Kuchen raus. Ich geb dir heute einen aus."

„Ich hab keinen Hunger." Tony schüttelt den Kopf und fährt ein bisschen abseits an einen der Tische.

„Du bist heute so ruhig, das ist mir vorhin schon aufgefallen", stellt Oma Gerda fest. „Alles okay bei dir?"

„Ich, ... ich werde morgen entlassen!" Endlich ist es raus. Tony sieht zu Boden.

„Freust du dich denn gar nicht?", will Oma Gerda verwundert wissen.

„Nee." Tony schüttelt den Kopf. „Ich werde deine Besuche vermissen. Und deine Geschenke", gibt er zu und muss dann doch grinsen.

„Und ich deine frechen Kommentare", kontert Oma Gerda. Für einen Moment sagt niemand ein Wort.

„Da ist noch etwas", fängt Tony an. „Ich will auch gerne Jesus meine Sünden sagen, aber ich weiß nicht wie, und ich glaube, mir fallen auch nur ein paar richtig große ein."

„Ich glaube, niemand kann alle seine Sünden aufzählen. Dafür sind es viel zu viele und die meisten haben wir sowieso schon wieder vergessen. Sag die dir einfallen. Rückhaltlos und ehrlich sein. Kein Versteckspiel. – Wenn du möchtest, kann ich mit dir beten?"

Tony nickt. Wenn Oma Gerda dabei ist, fühlt er sich sicherer. Und dann spricht Tony einfach mit Gott:

„Herr Jesus, ich danke dir, dass du mich lieb hast und für mich am Kreuz gestorben bist. Ich bekenne dir, dass ich ein Sünder bin. Meine Sünden tun mir auch leid. Ich bitte dich, dass du mir vergibst. Bitte werde du Herr in meinem Leben. Ich danke dir dafür, dass du meine ganze Schuld weggenommen hast. Amen!"

„Amen", sagt auch Oma Gerda. „Weißt du, wer sich jetzt auch freut?"

„Du", antwortet Tony sofort.

„Ja, natürlich. Sehr sogar!" Oma Gerda nickt. „Aber da gibt es noch jemanden. ‚Ebenso wird Freude im Himmel sein über einen Sünder, der Buße tut (Lukas 15,7).'"

„Das ist ja super", Tony strahlt.

Oma Gerda gibt dem verblüfften Tony zum Abschied einen Kuss auf die Stirn. „Ich freu mich so sehr, dass du ein Kind Gottes geworden bist. Und dann freue ich mich auf deine Entlassung und dass du mich dann besuchst. Bei mir zu Hause. Was hältst du davon?"

Ein breites Grinsen breitet sich auf Tonys Gesicht aus. „Jeden Tag? Ne halbe Stunde?"

„Gerne", Oma Gerda nickt. „Du darfst aber auch länger bleiben."

„Aber jeden Tag ein Geschenk gibt es nicht", stellt Tony sofort klar. „Da geht ja mein ganzes Taschengeld bei flöten."

„Und das bin ich dir nicht wert?", hakt Oma Gerda nach. Schelm ist in ihren Augen zu sehen.